Perfect Guitar

The

Pentatonic

Bernd
Kofler

Workbook

Übungen und Konzepte
auf pentatonischer Basis

* Positionen

* Pentatonische Akkorde

* Horizontal Playing

* Einsatzmöglichkeiten

* Praxis – Beispiele

**Die mp3 Files zum Buch findest du
auf der Website des Autors unter
www.berndkofler.at**

IMPRESSUM

Bibliografische Information der Deutschen Nationalbibliothek:
Die Deutsche Nationalbibliothek verzeichnet diese
Publikation in der Deutschen Nationalbibliografie
Detaillierte bibliografische Daten sind im
Internet unter http://dnb.d-nb.de abrufbar.

2. überarbeitete Ausgabe

Gestaltung & Layout: Bernd Kofler

Printed in Germany

Herstellung und Verlag:

Books on Demand GmbH, Norderstedt
ISBN 978-3-7494-2077-3

Editoral

Dieses Buch ist Teil einer zweiteiligen Buchreihe, die sich an Gitarristen wendet, die nach einem bewährten System lernen wollen, wie man frei über verschiedenste musikalische Situationen improvisieren kann.

In diesem Band befinden sich die dafür notwendigen technischen Übungen. Diese zielen darauf ab, die Greifhand weiter zu entwickeln. Griffroutinen werden erarbeitet und häufig wiederkehrende Bewegungsabläufe gefestigt. Zusätzlich wird die Koordination zwischen linker und rechter Hand gefördert. Die für Gitarristen so gebräuliche Pentatonik wird wie in keinem zweiten Werk so ausführlich von verschiedensten Blickwinkeln betrachtet und verwendet.

Dieses Buch ist mit einem ansteigenden Schwierigkeitsgrad aufgebaut. Daher eignet es sich für Autodidakten genauso wie für Gitarrelehrer, die es als hervorragendes Unterrichtsmaterial nutzen können. Viele Musikschulen verwenden dieses Buch seit vielen Jahren als Standardwerk für den E-Gitarren Unterricht. Es wurde vom österreichischen Bundesministerium für Bildung,Wissenschaft und Kultur geprüft und dient unter anderem auch dem Internetlexikon Wikipedia als Quelle über Beiträge zum Thema Pentatonik.

Verwende dieses Buch nach Möglichkeit in Kombination mit dem zweiten zu dieser Serie gehörenden Band „Perfect Guitar: The Pentatonic Practice Book". Dieser beinhaltet die praktische Anwendbarkeit der hier gezeigten technischen Übungen. Die beiden Bände sind exakt aufeinander abgestimmt und bilden zusammen eine Einheit.

Viel Spaß mit den Übungen in diesem Buch!

Inhalt

Einführung

Pentatonik – was ist das?

Musiktheoretisch gesehen ist die pentatonische Tonleiter eine Tonreihe, die aus fünf Tönen besteht. In der klassischen Harmonielehre wurde die heute gebräuchliche Durpentatonik als halbtonlose fünftönige Tonleiter mit drei Ganztönen und zwei kleinen Terzen aufgebaut. Die uns bekannte Dur-Pentatonik entsteht aus der Aufeinanderschichtung von vier Quinten (das ist der Tonabstand, der sich unter anderem bei Power-Chords zwischen Zeige und Ringfinger ergibt) z.B.:

$$c - g - d - a - e$$

In der richtigen Reihenfolge der Töne sieht die Pentatonik (in diesem Beispiel die C-Dur Pentatonik) dann so aus:

$$c - d - e - g - a$$

Zu dieser pentatonischen Dur-Tonleiter gibt es natürlich auch eine parallele Molltonleiter. Diese wird vom fünften Ton der Pentatonik aus gebildet:

$$a - c - d - e - g$$

Durch das Fehlen der Halbtonschritte und die Schlichtheit des Aufbaues ist diese Tonleiter in ihrem Einsatzbereich sehr flexibel. Sie ist durch die geringe Anzahl von Tönen sehr übersichtlich. Das macht den Einsatz dieser Tonleiter sehr einfach. Zu welcher Musikrichtung du auch tendierst – die Pentatonik ist universell für alle Stile einsetzbar. Für Gitarristen ist die Pentatonik auf Grund ihrer besonders komfortablen Spielbarkeit eine der am häufigsten verwendeten Tonleitern. Durch diesen Umstand hat die Pentatonik einen sehr vertrauten Klang. Das ist natürlich eine große Hilfe, da du dadurch beim Üben eine gute Selbstkontrolle hast. Wenn du dir das Klangbild der Pentatonik einmal eingeprägt hast, hörst du sofort, wenn du dich verspielst. Im ersten Schritt wird nun diese Tonleiter auf das Gitarrengriffbrett übertragen. Dazu wird das Griffbrett in fünf verschiedene Abschnitte unterteilt.

KAPITEL 1

Die Grundstellung

Die Grundstellung

Um zu vermeiden, dass du dir im Falle eines Selbststudiums etwas falsch einlernst, folgt hier eine kurze Erklärung über die Darstellung der in diesem Buch verwendeten Griffdiagramme:

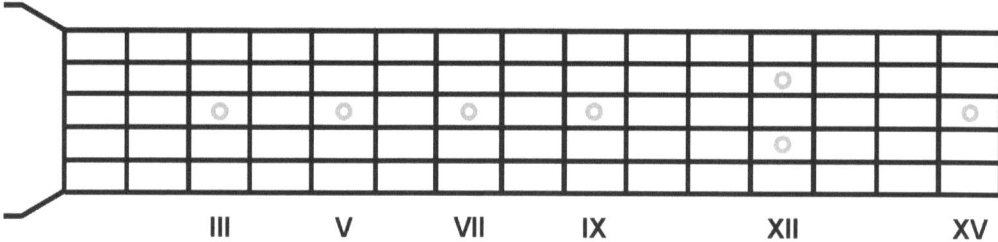

Die tiefste (dickste) Saite befindet sich auf der Grafik **unten**, die höchste (dünnste) Saite ist **oben** dargestellt.

Die Markierungspunkte am 3, 5, 7, 9, 12 und 15 Bund sind als durchsichtige Kreise zu sehen. Du solltest diese auch auf deinem Griffbrett finden. Sie können natürlich je nach Gitarrentyp optisch etwas von der hier gezeigten Darstellung abweichen..

Auf der folgenden Grafik siehst du den ersten Abschnitt der Pentatonik am Griffbrett. Ich nenne diesen Abschnitt die „Grundstellung". Diese Position dient vorerst als Ausgangspunkt der ersten Übungen. Später benötigst du die Grundstellung als Orientierungsmarke zur Lokalisierung der restlichen Umkehrungen.

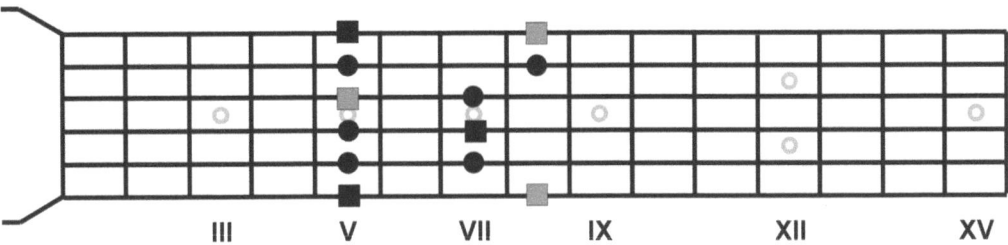

Wenn du die Grafik genau betrachtest, siehst du auf der tiefsten (dicksten) Saite (E) zwei verschiedene Zeichen:

■ = Dies ist der Grundton in Moll (E-Saite 5. Bund = Ton „A", ergibt somit die Position für A-Moll)

□ = Hierbei handelt es sich um den Grundton in Dur (E-Saite 8. Bund = Ton „C", ergibt somit die Position für C-Dur)

Auf Grund ihrer Flexibilität kann die Pentatonik für Songs in Dur als auch in Moll verwendet werden. Die Positionen und Fingersätze sind in beiden Fällen gleich, lediglich der Bezugston ändert sich. Um den Unterschied zu hören, spiele einige Male die Pentatonik vom Dur-Grundton aufwärts, und danach anschließend vom Moll-Grundton.

Diese beiden Abbildungen zeigen die Start– bzw. Ausgangspunkte für die Grundstellung der pentatonischen Tonleiter in Moll und Dur.

Um die Pentatonik richtig einsetzen zu können, musst du folgende Regeln beachten:

Regel 1:
Zum richtigen Spielen über ein Musikstück in <u>MOLL</u> suchst du mit dem <u>ZEIGEFINGER</u> auf der tiefen E-Saite den Grundton und schon hast du die passende Position gefunden.

Regel 2:
Zum Solieren über ein Stück in <u>DUR</u> suchst du mit dem <u>KLEINEN FINGER</u> auf der tiefen E-Saite den Grundton. Dies ergibt die richtige Position, um über ein Stück in einer Dur Modalität zu spielen.

Beispiele:

<u>Vorgabe</u> ist die Tonart A-Moll:
Suche mit dem Zeigefinger auf der tiefen E-Saite den Ton „A"

<u>Lösung:</u> Die Grundstellung muss mit dem Zeigefinger beginnend am 5. Bund gegriffen werden.

<u>Vorgabe</u> ist die Tonart C-Dur:
Suche mit dem kleinen Finger auf der tiefen E-Saite den Ton „C"

<u>Lösung:</u> Die Grundstellung muss mit dem kleinen Finger beginnend am 8. Bund gespielt werden.

Lass dich nicht verwirren, wenn verschiedene Dur- bzw. Moll- Tonarten nach der selben Position verlangen, dies hat einen musiktheoretischen Hintergrund. Höre aber immer gut darauf, ob das von dir gefundene Ergebnis gut und richtig klingt.

Projekt: Lerne alle Notennamen auf der tiefen E-Saite auswendig. Das wird dir helfen, dich schneller am Griffbrett zu orientieren.

Technische Übungen

Spiele die Pentatonik mit Wechselschlag auf und ab. Achte auf gleiche Notenlängen und verwende unbedingt den angegebenen Fingersatz.

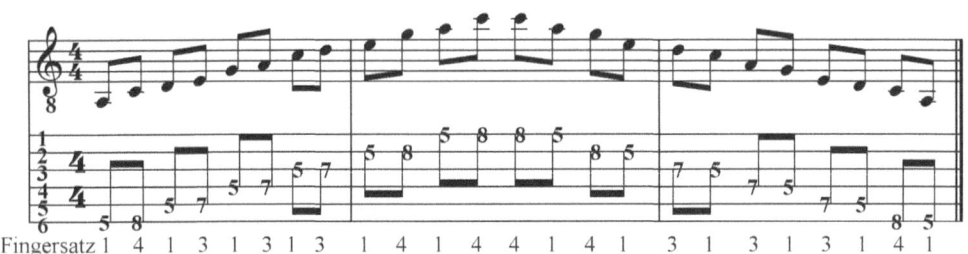

Halte diesen Fingersatz bei allen Übungen mit der Grundstellung strikt ein.

Dreier- Gruppen sind kurze Phrasen, die aus jeweils drei Noten bestehen. Die erste Gruppe startet mit der tiefsten Note der Pentatonik, die zweite Gruppe beginnt mit der zweiten Note und so weiter.

Übung 3

Diese Übung verwendet noch einmal die selben Notengruppen. Im Gegensatz zur Übung 2 sind nun jedoch alle Notenlängen absolut gleich. Der Fingersatz ist von Übung 2 zu übernehmen. Spiele auch diese Übung mit Wechselschlag.

Übung 4

Vierer- Gruppen bestehen aus jeweils vier Tönen. Auch hier ist die erste Gruppe wieder vom tiefsten Ton aus zu spielen, die zweite Gruppe vom zweiten Ton der Pentatonik aus und so weiter.

Übung 5

Sechser- Gruppen sind wegen ihrer Länge nicht so leicht erfassbar. Daher ist es am Anfang eine gewissse Herausforderung, diese fehlerfrei zu spielen. In der Praxis kannst du diese Notenansammlungen gut einsetzen, wenn du sehr lange Läufe in einem Solo einbauen möchtest.

Übung 6

Ein Dreier- Schritt ist der Abstand von der ersten zur dritten Note der Pentatonik. Es ist wie eine Dreier- Gruppe, nur ohne mittlere Note. Diese Dreier-Schritte sind am einfachsten, wenn du darauf achtest, dass immer zwei „Außenpunkte" (Zeigefinger) gefolgt von zwei „Innenpunkten" (3. oder 4. Finger) hintereinander gespielt werden.

Mit Außenpunkt wird der Punkt am Griffbrett bezeichnet, der am weitesten vom Körper (also Richtung Kopfplatte der Gitarre) entfernt liegt. Innenpunkt wird der Punkt genannt, der sich am nächsten zum Körper befindet.

Übung 7

Hier wird jedes zweite Pärchen der Dreier- Schritte umgekehrt.

Übung 8

Vierer- Schritte sind ähnlich wie Vierer- Gruppen, bestehen jedoch lediglich aus dem ersten und dem vierten Ton jeder Gruppe. Die dadurch entstehenden Intervall-Sprünge erzeugen ein interessantes Klangbild.

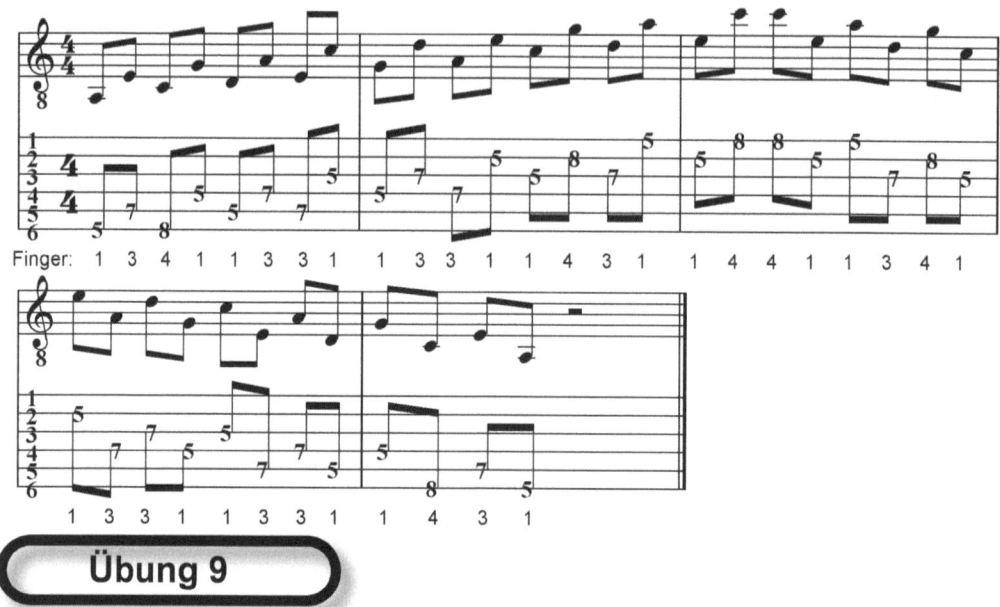

Übung 9

Identisch mit Übung 8, jedoch mit Triolen statt mit Achtelnoten zu spielen.

Übung 10

Entspricht der Übung 8, jedoch wieder mit umgekehrter zweiter Gruppe.

Übung 11

Übung 11 besteht aus Schritten von der ersten zur fünften Note. Diese werden gleich wie bei Übung 6 gegriffen, jedoch musst du nun immer eine Saite überspringen.

Übung 12

Fünfer Schritte mit umgekehrter zweiter Gruppe.

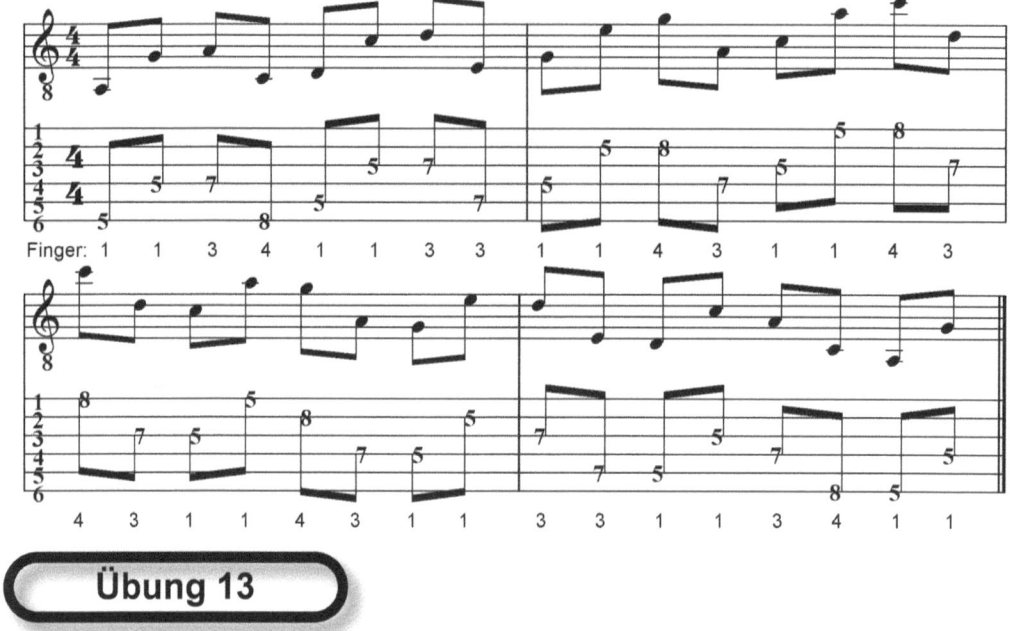

Übung 13

Secher Schritte - da die Pentatonik nur aus 5 Tönen besteht, ergibt der Schritt zum sechsten Ton wieder die gleiche Note. Diese liegt dann allerdings eine Oktave höher.

Übung 14

Es folgt eine Variation der Oktavenübung.

Das waren die technischen Übungen mit der pentatonischen Grundstellung. Da technische Übungen vorrangig der Entwicklung der Greifhand dienen und routinemäßige Griffabfolgen einprägen sollen, haben diese Übungen nichts mit musikalischen Ausdruck zu tun.

Licks und musikalische Ideen zu diesem Kapitel findest du im Begleitbuch „Perfect Guitar - The Pentatonic Practice Book".

Projekt:

Spiele einige Minuten frei mit der pentatonischen Grundstellung zu einem Metronom. Versuche, mit dem gelernten Tonmaterial Musik zu machen. Verwende dabei Fragmente der vorhergegangen Übungen, aber spiele keine davon ganz durch. Arbeite mit unterschiedlichen Notenlängen.

Mit den bisherigen Übungen hast du nur einen kleinen Ausschnitt des Griffbrettes abgedeckt.

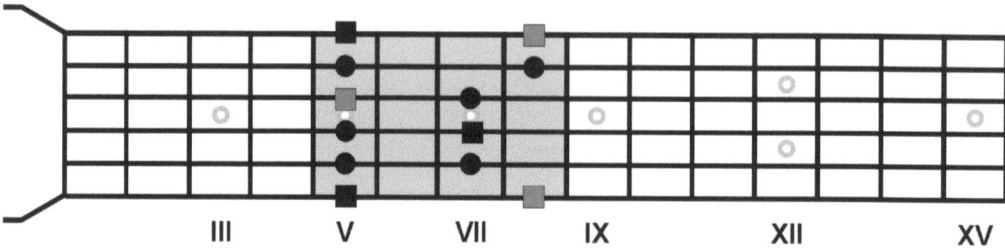

Was ist mit dem Rest des Griffbrettes?

Im Gegensatz zu den Tasteninstrumenten haben wir Gitarristen die Möglichkeit, die selben Töne an verschiedenen Stellen des Griffbrettes zu spielen. Das macht unser Instrument zwar interessant, da die grifftechnischen Möglichkeiten beim Spielen vielfältiger sind, andererseits wirkt das Griffbrett aber aus dem gleichen Grund auch viel unübersichtlicher als eine Tastatur, bei der es für jeden Ton nur eine fixe Position gibt.

Nun werden die Töne der pentatonischen Grundstellung an eine andere Position des Griffbrettes verschoben, um einen weiteren Bereich ausnutzen zu können.

KAPITEL 2

Die erste Umkehrung

Die erste Umkehrung

Wie du bereits weißt, besteht die pentatonische Tonleiter aus fünf Tönen. Im Falle unserer Übungsbasis, der A-Moll / C-Dur Pentatonik sind das die Töne

A C D E G

Nun werden die Töne in einer anderen Reihenfolge aufeinander geschichtet, in dem wir den tiefsten Ton (A) an das andere Ende dieser Tonreihe setzen:

A C D E G A

Das Ergebnis sieht nun folgendermaßen aus:

C D E G A

Diese Umschichtung nennt man Umkehrung. Das Klangbild bleibt immer gleich, da die selben Töne verwendet werden.

Das Griffbild der sogenannten ersten Umkehrung beginnt am Endpunkt der Grundstellung auf der tiefsten Saite (in unserem Beispiel am Ton „C" auf der E-Saite, achter Bund).

Grundregel:

Die erste Umkehrung beginnt an dem Punkt auf der tiefsten Saite, an dem die Grundstellung endet (kleiner Finger).

Aus grifftechnischen Gründen ist es wichtig, die erste Umkehrung nicht wie die Grundstellung mit dem Zeigefinger, sondern mit dem Mittelfinger zu beginnen.

Sieh dir das Griffbild der ersten Umkehrung einmal an, bevor die ersten Übungen beginnen:

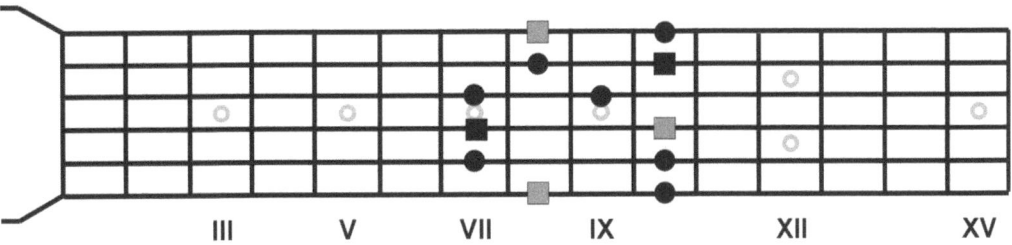

Der Dur-Grundton ist wieder grau und eckig, der Moll-Grundton ist schwarz und eckig dargestellt.

Bei der nächsten Darstellung siehst du die Grundstellung und die erste Umkehrung nebeneinander. Die Punkte am siebenten und achten Bund werden von beiden Positionen gemeinsam verwendet.
Die Punkte, die nur von der Grundstellung verwendet werden sind hellgrau dargestellt, gemeinsame Punkte sind dunkelgrau, und alleinige Punkte der ersten Umkehrung sind schwarz eingezeichnet.

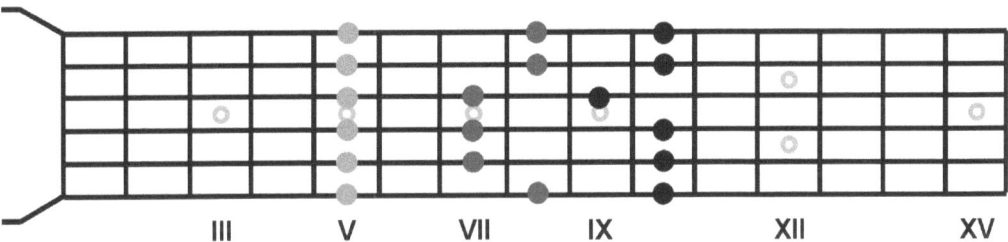

Du kannst auf dieser Grafik auch gut sehen, dass die erste Umkehrung vom Tonumfang um eine Note nach oben ausgeweitet wird, im unteren Bereich hingegen wird die tiefste Note weggelassen.
Wenn du zum Beispiel in einem Song im Bereich des siebenten bis zehnten Bundes Akkorde spielst und ein pentatonisches Solo-Fill spielen möchtest, ist es praktisch, wenn du deinen Aktionsradius nicht verlassen musst. Du kannst dein Fill in der ersten Umkehrung spielen. Das bringt mehr Ruhe in die Greifhand und du musst weniger unnötige Bewegungen machen, weil du einen Lagewechsel sparst. Dadurch wird dir auch ein höheres Spieltempo ermöglicht.

Um die erste Umkehrung der Pentatonik richtig lokalisieren zu können, musst du folgende Grundregeln beachten:

Regel 1:
Ist ein Stück in <u>MOLL</u> musst du mit dem <u>ZEIGEFINGER</u> auf der tiefen E-Saite den Grundton in der **GRUNDSTELLUNG** suchen. An dem Punkt der Grundstellung, der mit dem kleinen Finger auf der tiefen E-Saite besetzt wird, setzt du nun deinen Mittelfinger auf und schon hast du die passende Position gefunden.

Regel 2:
Zum Solieren über ein Stück in <u>DUR</u> suchst du mit dem <u>KLEINEN FINGER</u> auf der tiefen E-Saite den Grundton und ersetzt diesen durch den Mittel-finger.

Beispiele:

<u>Vorgabe</u> ist die Tonart A-Moll:
Suche mit dem Zeigefinger auf der tiefen E-Saite den Ton „A". Hier ist die Grundstellung. Setz an dem Punkt des vierten Fingers auf der tiefen E-Saite nun den zweiten Finger auf.

<u>Lösung:</u> Der Startpunkt der ersten Umkehrung ist mit dem Mittelfinger am 8. Bund.

<u>Vorgabe</u> ist die Tonart C-Dur:
Suche mit dem kleinen Finger auf der tiefen E-Saite den Ton „C". Hier ist die Grundstellung. Tausche nun den kleinen Finger gegen den Mittelfinger aus.

<u>Lösung:</u> Die erste Umkehrung muss mit dem Mittelfinger beginnend am 8. Bund gespielt werden.

WICHTIG :
Um die erste Umkehrung richtig zu finden, nimm zuerst generell die Grund-stellung ein und wechsle von diesem Ausgangspunkt in die erste Umkeh-rung. Erst wenn du alle Notennamen am Griffbrett sicher weißt und alle Griffbilder der verschiedenen Positionen der Pentatonik kennst, wirst du die Umkehrungen auf Anhieb einnehmen können.

Technische Übungen

Übung 15

Spiele die erste Umkehrung mit Wechselschlag auf und ab. Achte auf den Fingersatz!

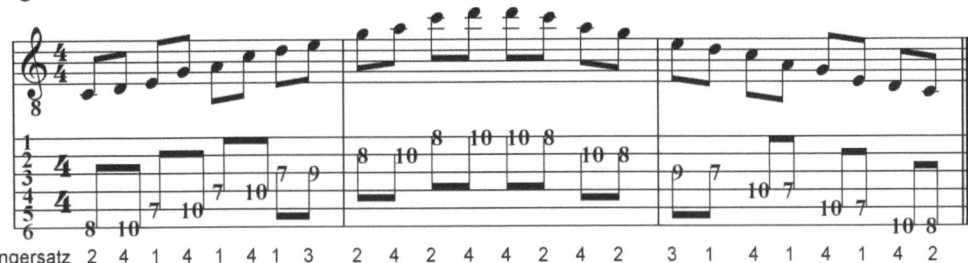

Das pentatonische Klangbild kennst du bereits von der Grundstellung. Am Anfang ist es normal, dass sich der neue Fingersatz etwas fremd anfühlt, doch du wirst dich schnell daran gewöhnen.

Übung 16

Phrasen mit jeweils drei Noten, ausgehend von der tiefsten Note dieser Umkehrung. Diese Dreier- Gruppen kennst du bereits von den Übungen mit der Grundstellung .

Übung 17

Gruppen aus vier Noten. Diese kannst du in der Praxis sehr oft verwenden.
Achte bitte auf den Fingersatz.

Übung 18

Sechser- Gruppen, auch diese Übung kennst du schon von der Grundstellung. Um eine bessere Übersicht zu behalten, ist folgendes zu beachten:
Endet eine Gruppe mit einem „Außenpunkt" (1. oder 2. Finger), so startet
auch die darauffolgende Gruppe mit einem Außenpunkt.
Endet ein Gruppe mit einem „Innenpunkt" (3. oder 4. Finger), so ist die
nächste Gruppe auch mit einem Innenpunkt zu beginnen!

Übung 19

Diese Übung eignet sich gut zum Einprägen dieser Umkehrung. Bitte beachte hier auch wie bei der vorangegangenen Übung: Innenpunkt nach Innenpunkt, Außenpunkt nach Außenpunkt.

Finger: 2   1   4   4   1   1   4   4   1   1   4   3   1   2   3   4

2   2   4   4   4   4   2   2   4   3   2   1   3   4   1   1

4   4   1   1   4   4   1   2

Übung 20

Dreier Schritte mit umgekehrter zweiter Gruppe. Übernimm bitte den Fingersatz von der Übung 19.

Übung 21

Die Vorgehensweise bei Vierer- Schritten kennst du bereits.

Übung 22

Wiederum Vierer- Schritte, jedoch mit umgekehrter zweiter Gruppe.

Übung 23

Diese Übung verwendet Fünfer- Schritte. Der Ablauf der Finger ist gleich wie bei den Dreier- Schritten, hier benötigst du aber zusätzlich String-Skipping.

Übung 24

Fünfer- Schritte, eine Variation der vorangegangenen Übung.

Übung 25

Sechser- Schritte, diese ergeben den Intervallsprung einer Oktave.

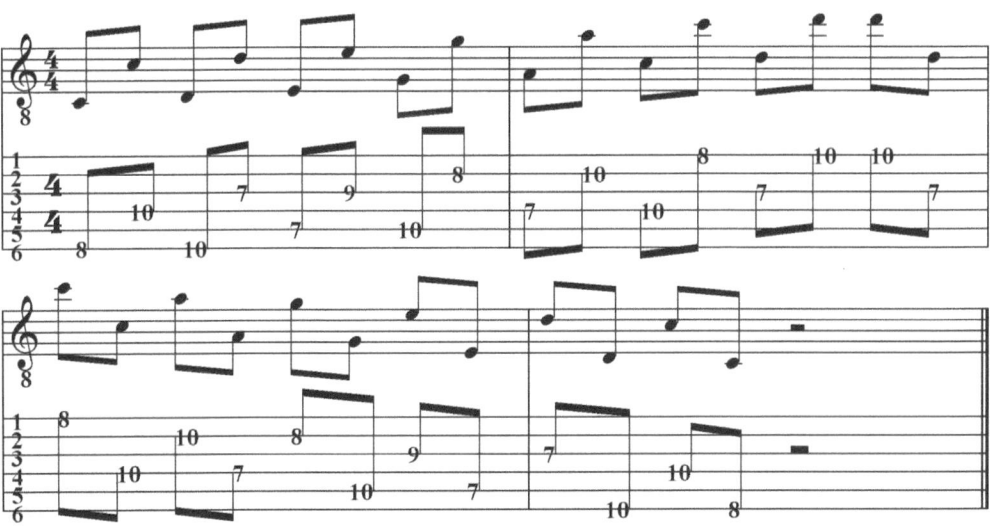

Übung 26

Sechser Schritte, diesmal wird wieder die zweite Notengruppe umgedreht.

Soweit die technischen Übungen mit der ersten Umkehrung. Wenn du alle Beispiele sorgfältig gespielt hast, ist diese Umkehrung bestimmt kein Problem mehr für dich.

Projekt:

Spiele einige Minuten frei mit der ersten Umkehrung und wechsle dazwischen auch zur Grundstellung und wieder zurück. Verwende dazu ein Metronom oder einen Drum Backing Track. Versuche, kurze Phrasen zu bilden aber keine der vorangegangenen Übungen komplett auszuspielen!

Da du nun bereits mit zwei Positionen spielen kannst, sind die musikalischen Möglichkeiten natürlich vielfältiger. Doch beim Wechseln zwischen den beiden Griffbildern hört man einen Sprung. Aus diesem Grund zeige ich dir nun einige Beispiele, wie du zwischen der Grundstellung und der ersten Umkehrung fließend wechseln kannst.

Übung 27

Verbinden der Grundstellung mit der ersten Umkehrung über die tiefe E-Saite

Damit du die Grundstellung mit der ersten Umkehrung fließend verbinden kannst, schau dir die Fingersätze beider Positionen im Vergleich an und suche nach Gemeinsamkeiten.

Vergleich der Grundstellung mit der ersten Umkehrung auf der tiefen E-Saite:

Grundstellung: 1. und 4. Finger
Erste Umkehrung: 2. und 4. Finger
Gemeinsamer Punkt: 4. Finger

Um einen nahtlosen Übergang zwischen den beiden Positionen zu erreichen ist es am besten, wenn du diesen gemeinsamen Punkt verwendest.

Würdest die beiden Positionen mit dem ersten Finger verbinden, ist ein Fingerwechsel notwendig. Das stört den Spielfluss und ist eine Tempobremse.

Ein zusätzlicher Nutzen dieser und der folgenden Übungen ist, dass du jede der beiden Positionen bis zum Verbindungspunkt durchspielen musst. Dadurch werden beide Positionen immer mehr gefestigt.

Verbinden der Grundstellung mit der ersten Umkehrung über die A-Saite

Vergleich der Grundstellung und der ersten Umkehrung auf der A-Saite:

Grundstellung: 1. und 3. Finger
Erste Umkehrung: 1. und 4. Finger

Gemeinsamer Punkt: 1. Finger

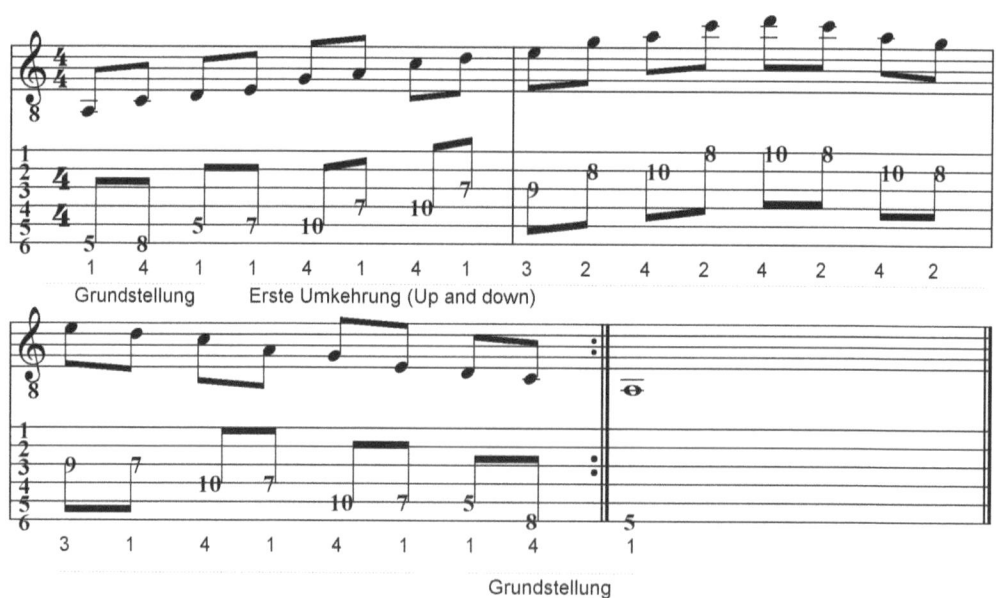

Achte bitte besonders auf den Fingersatz!

Übung 29

Verbinden der Grundstellung mit der ersten Umkehrung über die D-Saite

Vergleich der Grundstellung mit der ersten Umkehrung auf der D-Saite:

Grundstellung: 1. und 3. Finger
Erste Umkehrung: 1. und 4. Finger

Gemeinsamer Punkt: 1. Finger

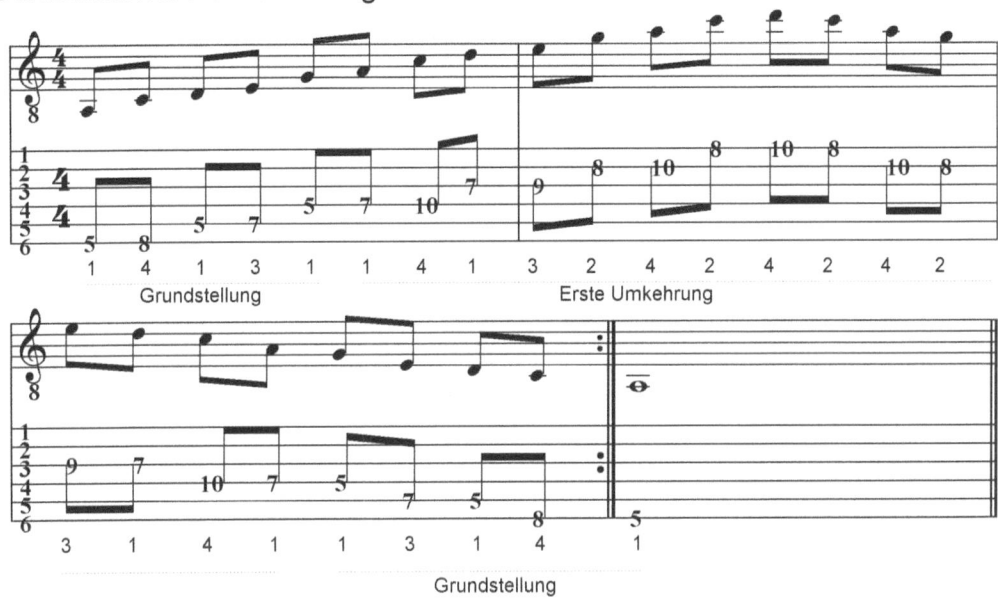

Übung 30

Verbinden der Grundstellung mit der ersten Umkehrung über die G-Saite

Vergleich Grundstellung und erste Umkehrung auf der G-Saite:

Grundstellung: 1. und 3. Finger
Erste Umkehrung: 1. und 3. Finger
Gemeinsame Punkte: 1. und 3. Finger

Die Verbindung beider Positionen über die G-Saite weist als Besonderheit auf, dass hier **zwei** gemeinsame Punkte zu finden sind. Somit hast du mehrere Möglichkeiten, diese Verbindung zu lösen. In der Praxis hat es sich bei aufsteigenden Linien sehr gut bewährt, den 3. Finger zu verwenden. Bei absteigenden Melodielinien ist es grifftechnisch günstiger, wenn du den 1. Finger nimmst. Mit diesem erlangt die Greifhand mehr Kontrolle und Führung. Beides bietet zusätzlich auch eine gute Möglichkeit, Slides in das Spiel zu integrieren. Hier handelt es sich aber lediglich um einen Vorschläge. Jeder andere Fingersatz ist möglich und kann nach Geschmack und Sympathie verwendet werden.

Übung 31

Verbinden der Grundstellung mit der ersten Umkehrung über die B-Saite (deutsch: H-Saite)
Vergleich Grundstellung und erste Umkehrung auf der B (H)-Saite:

Grundstellung: 1. und 4. Finger
Erste Umkehrung: 2. und 4. Finger

Gemeinsamer Punkt: 4. Finger

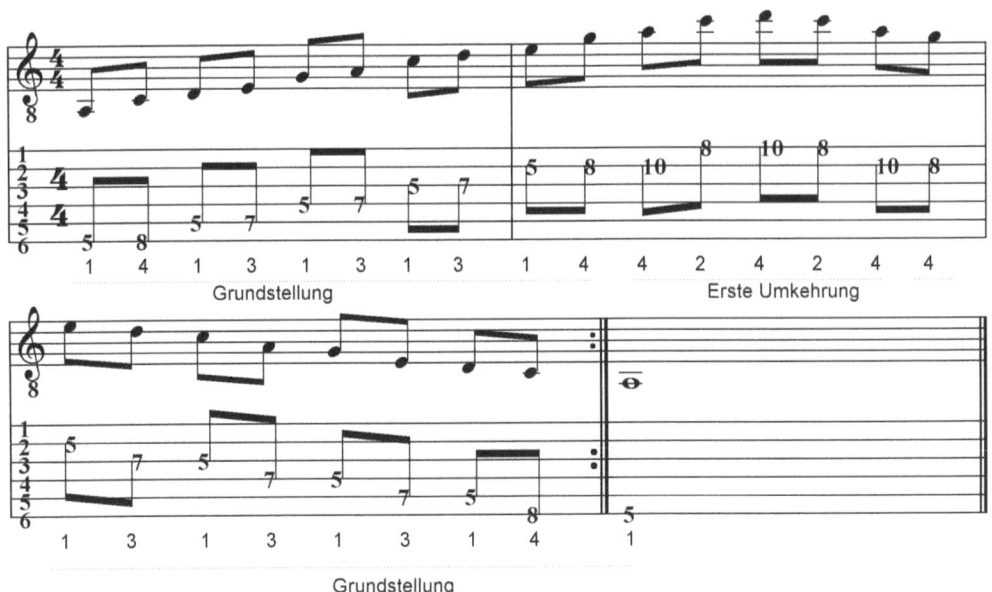

Verbinden der Grundstellung mit der ersten Umkehrung über die hohe E-Saite

Vergleich der Grundstellung und der ersten Umkehrung auf der hohen E-Saite:

Grundstellung: 1. und 4. Finger
Erste Umkehrung: 2. und 4. Finger

Gemeinsamer Punkt: 4. Finger

Dies ist die letzte der Verbindungsübungen. Wenn du alle Verbindungs-übungen oft gespielt has, ist der Wechsel zwischen den beiden ersten pentatonischen Positionen sicherlich kein Problem mehr für dich.

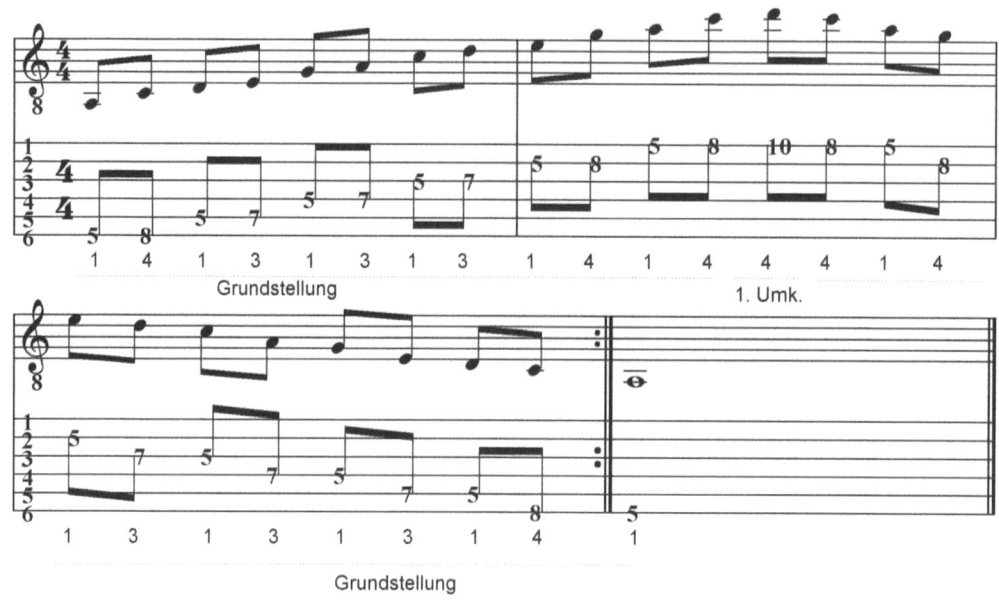

Grundstellung · 1. Umk.

Grundstellung

Übung 33

Zusammenfassung aller Verbindungen der Grundstellung mit der ersten Umkehrung

Zum Abschluss noch eine Zusammenfassung der Übungen 27 bis 32.

Fortsetzung auf der nächsten Seite →

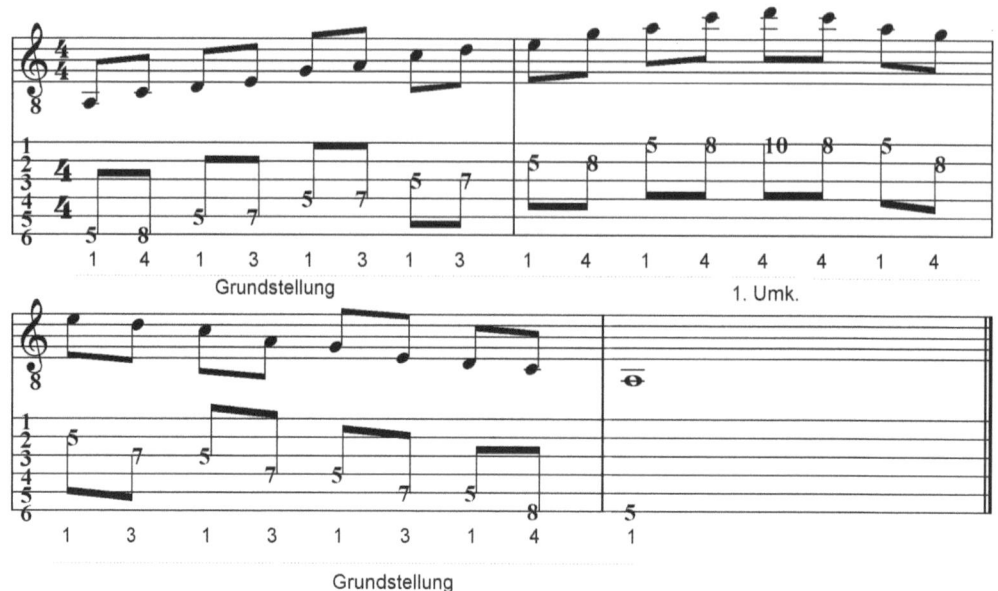

Grundstellung   1. Umk.

Grundstellung

KAPITEL 3

Die zweite Umkehrung

Die zweite Umkehrung

Die Vorgabe dieses Buches ist es dir zu zeigen, wie du an jeder Stelle des Griffbrettes spielen kannst. Mit den bisher gelernten Positionen wird immerhin schon ein Bereich von insgesamt sechs Bünden abgedeckt.

Um weiter Fortschreiten zu können ist eine erneute Umkehrung der Pentatonik notwendig. Dabei wird wieder der tiefste Ton um eine Oktave erhöht und an das andere Ende der Tonreihe verschoben:

C D E F G A C

Dadurch ist der tiefste Ton in unserem Beispiel nun der Ton „d". Die Reihenfolge unserer fünf Noten sieht nun folgendermaßen aus:

D E F G A C D

Da die Grundstellung bereits einmal „umgekehrt" wurde, sprechen wir nun von der zweiten Umkehrung.

Bei den fünf Tönen handelt es sich immer um die selben Töne. Somit muss auch die neue Umkehrung an einem Punkt beginnen, der in der vorangegangenen Umkehrung bereits benutzt wurde.

An dem Punkt der tiefen E-Saite, an dem die erste Umkehrung endet (10. Bund, kleiner Finger) setzt die zweite Umkehrung ein.

Grifftechnisch ist es am sinnvollsten, diese Position mit dem Mittelfinger zu beginnen.

So sieht das Griffbild der zweiten Umkehrung aus:

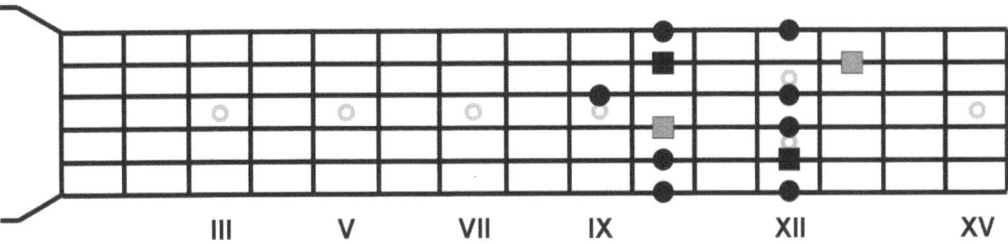

Die Grundtöne der neuen Position für Moll sind schwarz und eckig, die Dur-Grundtöne sind grau und eckig.

Bei genauer Betrachtung siehst du, dass alle Endpunkte der vorherigen Position vertreten sind. Durch die Umkehrung der Töne stehen sie nun als Anfangspunkte. Der Tonraum wird wieder nach oben hin vergrößert, der tiefste Ton fällt weg.

In der nachstehenden Grafik siehst du die Punkte aller bisherigen Positionen plus die Punkte der neuen Umkehrung.

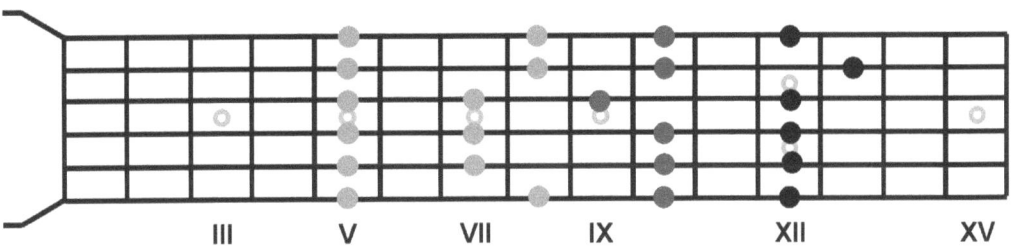

Die neue Position deckt einen Bereich von 5 Bünden ab. Dadurch entstehen einige neue Abläufe in der Griffabfolge. Achte in diesem Kapitel daher bitte besonders gut auf die Fingersätze!

Damit du richtige Position der zweiten Umkehrung am Griffbrett findest, musst du folgende Grundregeln beachten:

Regel 1:
Zum Bespielen eines Stückes in <u>MOLL</u> suchst du mit dem <u>ZEIGEFINGER</u> auf der tiefen E-Saite den Grundton in der GRUNDSTELLUNG. Von dieser aus gehst du weiter zur ersten Umkehrung. Der Endpunkt, an dem der kleine Finger auf der tiefen E-Saite fällt, ist der Startpunkt der zweiten Umkehrung. Diese startet mit dem Mittelfinger.

Regel 2:
Zum Solieren über ein Stück in <u>DUR</u> suchst du mit dem <u>KLEINEN FINGER</u> auf der tiefen E-Saite den Grundton, nimmst von dort die erste Umkehrung ein und ersetzt den kleinen Finger durch den Mittelfinger. Dadurch befindest du dich in der richtigen Position.

Beispiele:

<u>Vorgabe</u> ist die Tonart A-Moll:
Suche mit dem Zeigefinger auf der tiefen E-Saite den Ton „A" (=5. Bund). Du befindest dich in der Grundstellung. Von dort bewegst dich in die erste Umkehrung und setzt an dem Punkt des vierten Fingers auf der tiefen E-Saite nun den zweiten Finger auf.

<u>Lösung:</u> Die zweite Umkehrung muss mit dem Mittelfinger beginnend am 10. Bund gegriffen werden.

<u>Vorgabe</u> ist die Tonart C-Dur:
Suche mit dem kleinen Finger auf der tiefen E-Saite den Ton „C". Von diesem Punkt bewegst du dich weiter zur ersten Umkehrung. Dann tauscht du den kleinen Finger gegen den Mittelfinger aus.

<u>Lösung:</u> Die zweite Umkehrung muss mit dem Mittelfinger beginnend am 10. Bund gespielt werden.

Übung 34

Spiele die zweite Umkehrung auf und ab. Achte dabei besonders auf den Fingersatz und verwende auch diesmal wieder Wechselschlag.

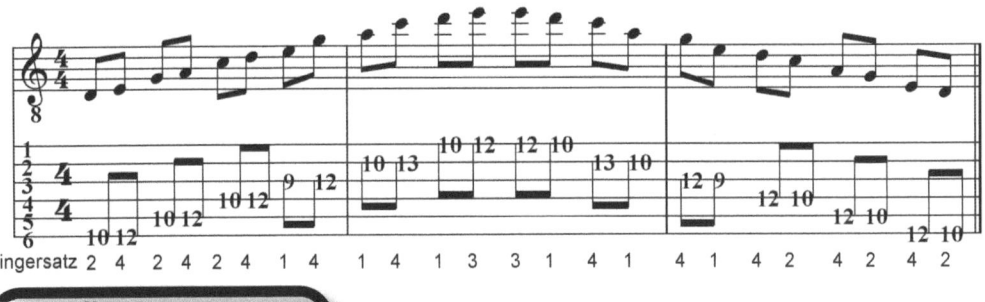

Übung 35

Achte bei den Dreier- Gruppen gut auf den Fingersatz.

Übung 36

Übung 36 bringt die bereits bekannten Vierer- Gruppen.

Auf dieser Abbildung siehst du den Startpunkt der zweiten Umkehrung auf der tiefen E-Saite am zehnten Bund mit dem zweiten Finger.
(Beispiel in C-Dur / A-Moll)

Übung 37

Sechser - Gruppen sind sehr nützlich, um lange Läufe in einer Position spielen zu können. Übe dieses Beispiel auch triolisch, dann hast du für viele verschiedene musikalische Situationen ein langes Lick auf Lager.

Übung 38

Von den vorherigen Umkehrungen weißt du bereits, dass Dreier- Schritte sehr gut klingen. Spiele sie auch in dieser Umkehrung!

Übung 39

Abermals Dreier- Schritte. Die zweite Gruppe wird, wie schon in den vorangegangenen Kapiteln umgedreht.

Übung 40

Nach dem Abstand von drei Tönen folgen nun die Vierer- Schritte.

Übung 41

Ausschnitte dieser Übung werden sehr oft in Gitarrensoli verwendet. Probiere diese Übung auch triolisch zu spielen.

Übung 42

Die bereits bekannten Fünfer- Schritte. Gehe hier gleich vor wie bei den bereits erarbeiteten Dreier- Schritten.

Übung 43

Fünfer- Schritte sind auf Grund ihrer Abstände ein hervorragendes Training für deine Anschlaghand.

Übung 44

Den Abschluss bilden wieder die Sechser- Schritte. Zur Erinnerung: der dabei entstehende Intervallschritt ist eine Oktave.

Übung 45

Dieser Variation beschließt die Schritt-Übungen.

Übung 46

Verbinden der 1. Umkehrung mit der 2. Umkehrung über die tiefe E-Saite

Um die erste Umkehrung mit der zweiten Umkehrung fließend verbinden zu können, solltest du dir die Fingersätze der beiden Positionen ansehen und nach Gemeinsamkeiten suchen.

Vergleich der 1. mit der 2. Umkehrung auf der tiefen E-Saite:

1. Umkehrung: 2. und 4. Finger
2. Umkehrung: 2. und 4. Finger

Hier gibt es zwei gemeinsame Punkte. Daher ist das Verbinden der Positionen mit beiden Punkten möglich. In dem hier gezeigten Beispiel wird die Verbindung mit dem 4. Finger durchgeführt.

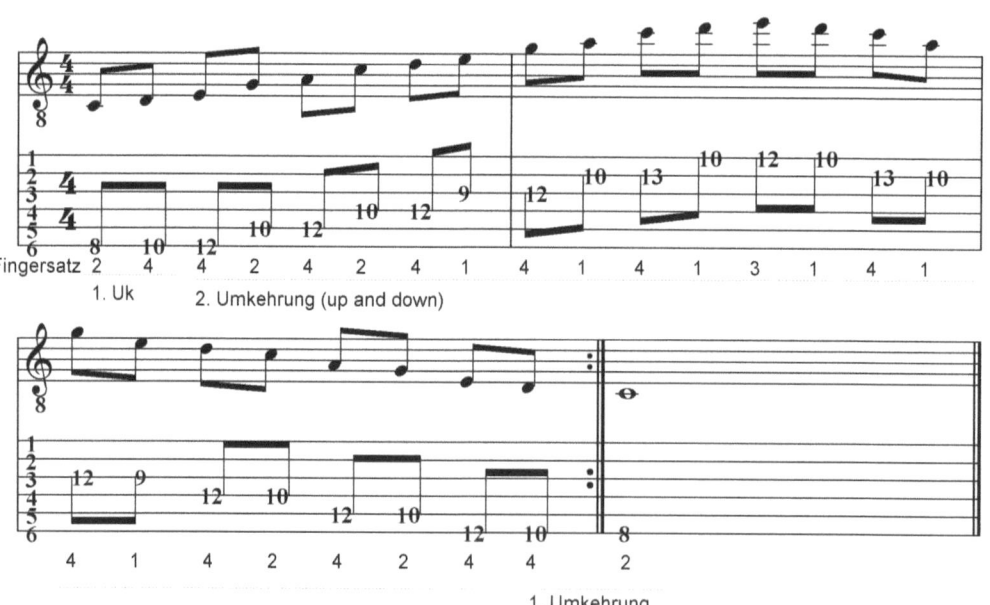

Übung 47

Verbinden der 1. Umkehrung mit der 2. Umkehrung über die A-Saite

Ein zusätzlicher Nutzen der Verbindungsübungen ist, dass immer eine Position bis zum Punkt der Verbindung ausgespielt werden muss, im Anschluss daran wird mit der zweiten Position weitergespielt. Das dient der Festigung beider Positionen.

Vergleich der 1. mit der 2. Umkehrung auf der A-Saite:

1. Umkehrung: 1. und 4. Finger
2. Umkehrung: 2. und 4. Finger

Gemeinsamer Punkt: 4. Finger

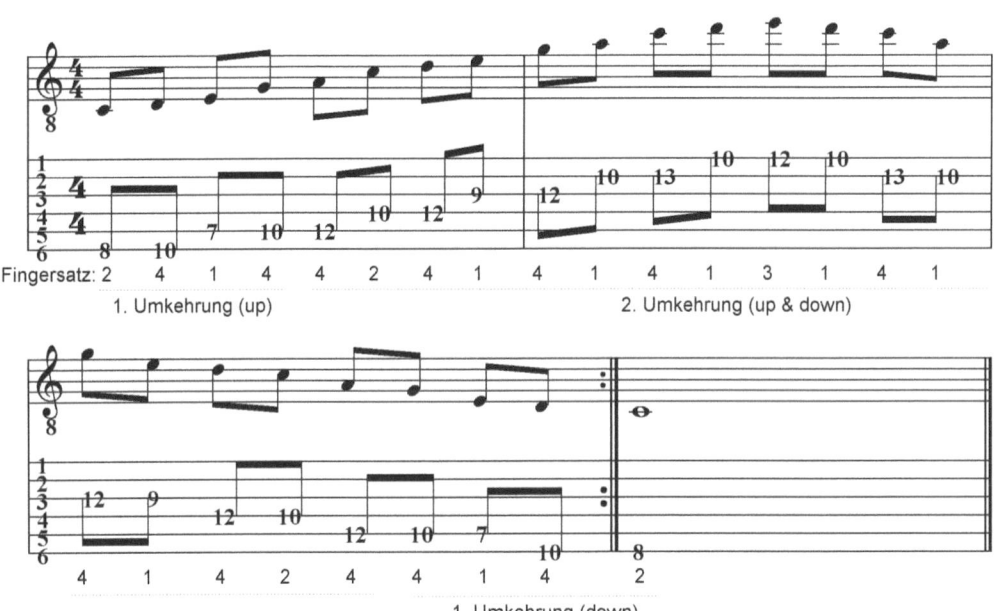

Achte bitte wie immer besonders auf den Fingersatz. Denke daran, dass du es so, wie du es dir einübst, schlussendlich auch in der Praxis umsetzen wirst.

Übung 48

Verbinden der 1. Umkehrung mit der 2. Umkehrung über die D-Saite

Vergleich der 1. mit der 2. Umkehrung auf der D-Saite:

1. Umkehrung: 1. und 4. Finger
2. Umkehrung: 2. und 4. Finger
Gemeinsamer Punkt: 4. Finger

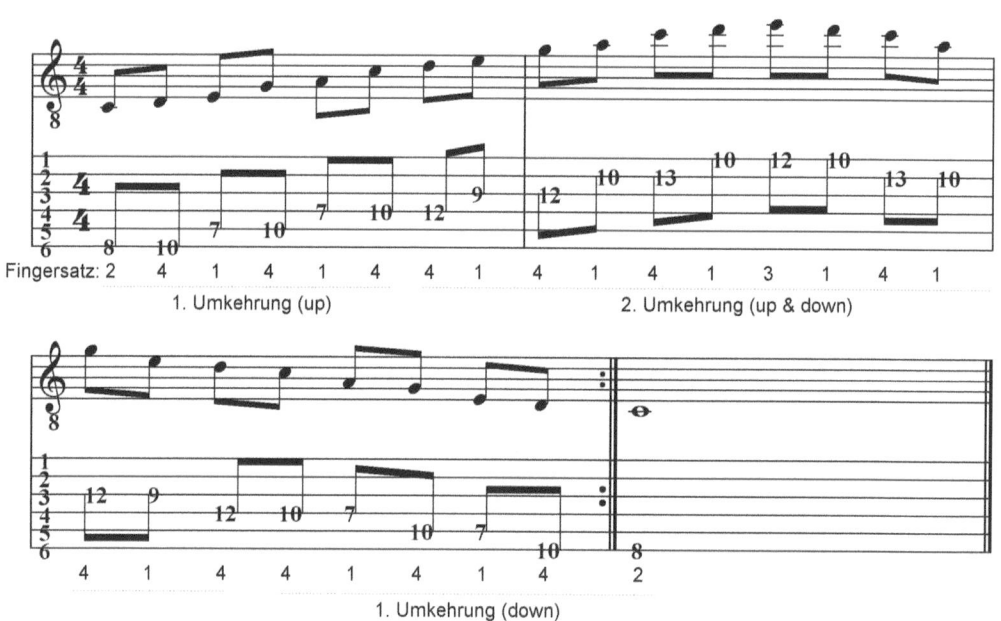

Übung 49

Verbinden der 1. Umkehrung mit der 2. Umkehrung über die G-Saite

Vergleich 1. und 2. Umkehrung auf der G-Saite:

1. Umkehrung: 1. und 3. Finger
2. Umkehrung: 1. und 4. Finger

Gemeinsamer Punkt: 1. Finger

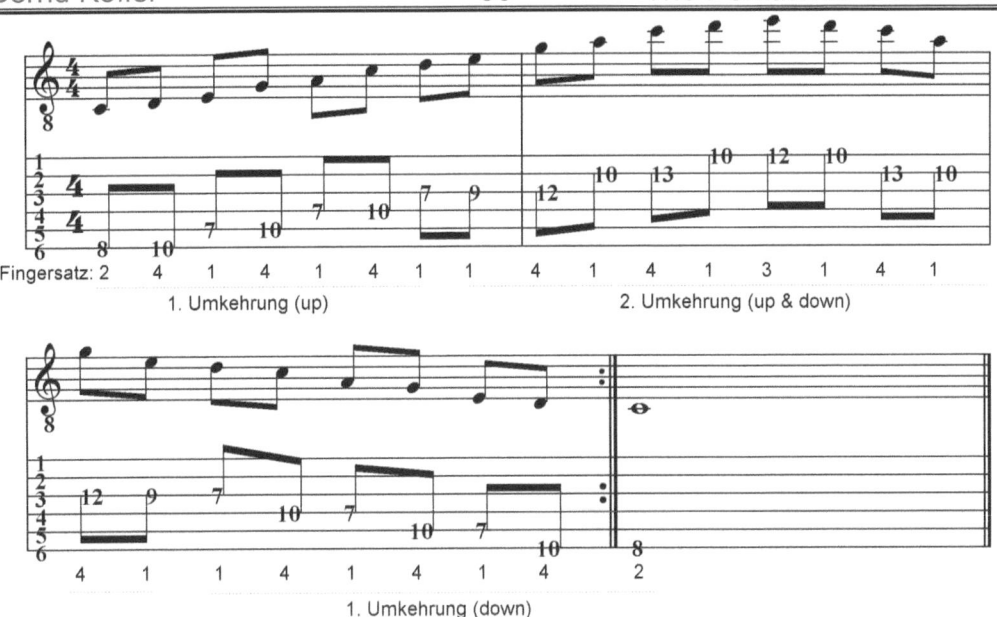

1. Umkehrung (down)

Übung 50

Verbinden der 1. Umkehrung mit der 2. Umkehrung über die B (H)-Saite
Vergleich der 1. mit der 2. Umkehrung auf der B (H) -Saite:
1. Umkehrung: 2. und 4. Finger
2. Umkehrung: 1. und 4. Finger
Gemeinsamer Punkt: 4. Finger

1. Umkehrung (down)

Übung 51

Verbinden der 1. Umkehrung mit der 2. Umkehrung über die hohe E-Saite

Vergleich der 1. mit 2. Umkehrung auf der hohen E-Saite:

1. Umkehrung: 2. und 4. Finger
2. Umkehrung: 1. und 3. Finger
Gemeinsamer Punkt: Keiner (!)

Da du die erste Umkehrung für nur eine einzige Note (das „e" auf der hohen E-Saite) verlassen musst, ist es eine gute Idee, dies mit dem kleinen Finger zu tun. Betrachte es als einen „kleinen Ausflug" des 4. Fingers.

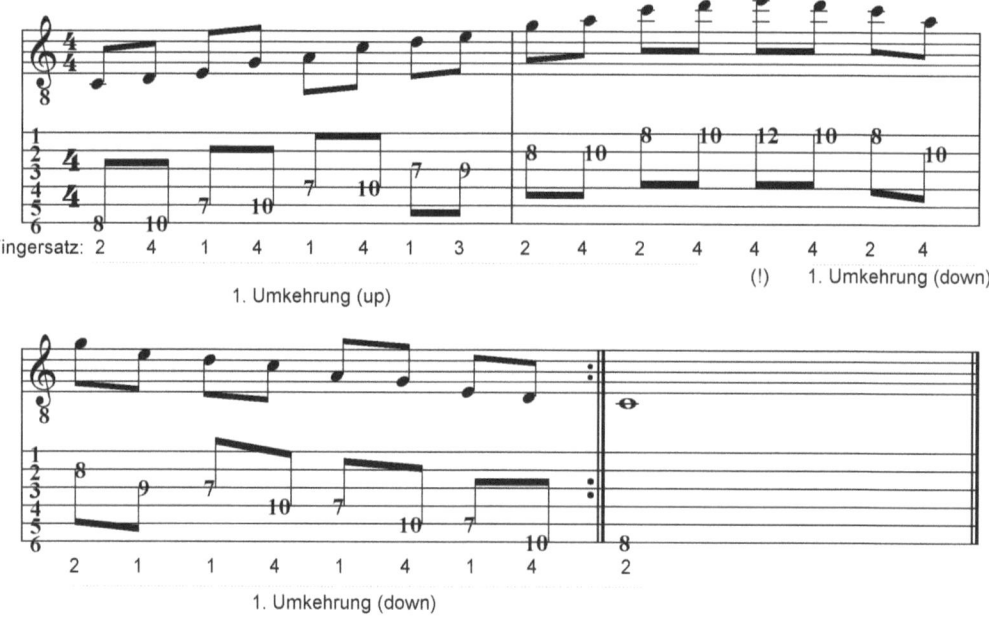

Übung 52

Zusammenfassung aller Verbindungsübungen der 1. Umkehrung mit der 2. Umkehrung
Nach den vorangegangenen Übungen sollte dir das nicht schwer fallen. Es ist eher eine Sache der Konzentration als eine technische Schwierigkeit.

Diese Übung geht auf der nächsten Seite weiter →

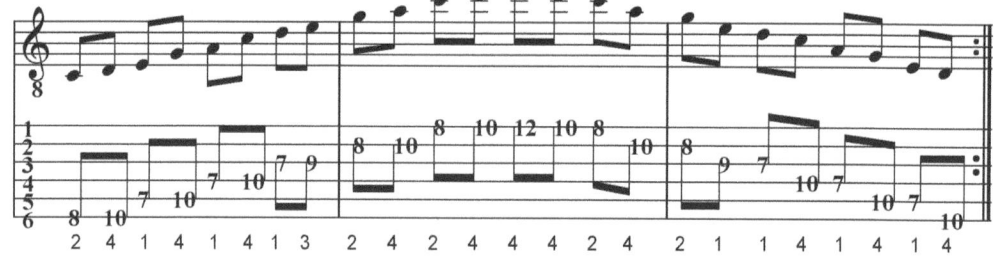

Du kannst natürlich alle drei bisher erlenten Positionen (Grundstellung, 1. Umkehrung und 2. Umkehrung) miteinander verbinden.

Da sich dadurch sehr viele Möglichkeiten ergeben, würde es wohl den Rahmen dieses Buches sprengen, alle einzeln aufzuführen. Alle möglichen Verbindungen der einzelnen Positionen wurden bereits durch die Übungen 33 und 52 abgedeckt. Das bedeutet, dass es grifftechnisch nichts Neues zu entdecken gäbe.

Daher werden hier nur einige wenige der möglichen Verbindungsübungen angeführt. Weiterführende Verbindungsmöglichkeiten über mehrere Positionen findest du im „Pentatonik Practise Book".

Übung 53

Verbindungsübung mit allen bisher erlernten Positionen (Beispiel 1)

Die Verbindung zwischen der Grundstellung und der 1. Umkehrung erfolgt über die D-Saite, die 1.Umkehrung wird mit der 2. Umkehrung über die B (H)-Saite verbunden.

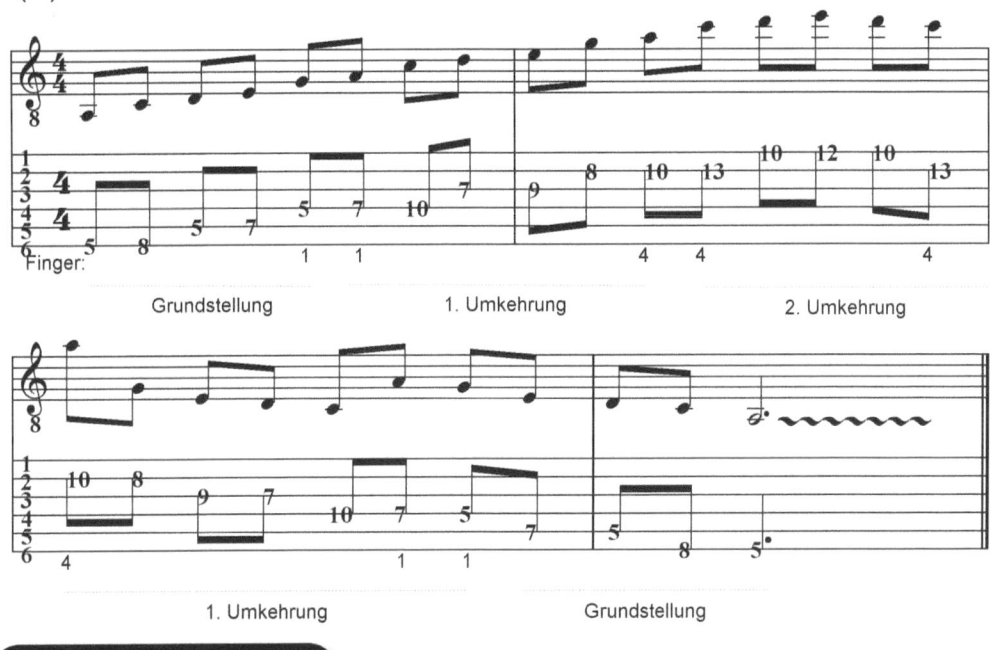

Grundstellung   1. Umkehrung   2. Umkehrung

1. Umkehrung   Grundstellung

Übung 54

Verbindungsübung mit allen bisher erlernten Positionen (Beispiel 2)

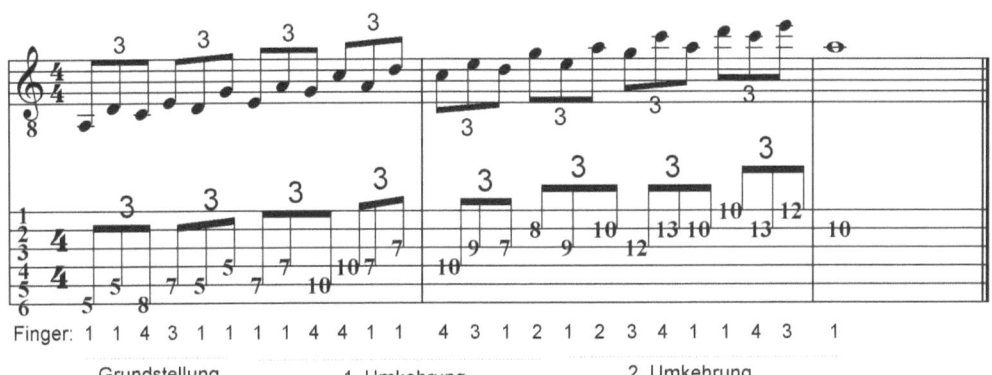

Finger: 1 1 4 3 1 1 1 1 4 4 1 1   4 3 1 2 1 2 3 4 1 1 4 3   1

Grundstellung   1. Umkehrung   2. Umkehrung

Übung 55

Verbindungsübung mit allen bisher erlernten Positionen (Beispiel 3)

Diese Übung ist ein sehr praxisnahes Beispiel.Durch die teilweise großen Intervallsprünge klingt dieses Lick interessant.

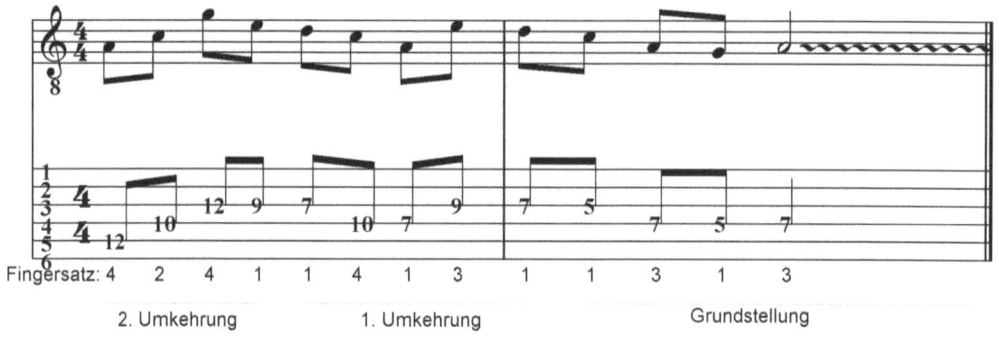

Übung 56

Verbindungsübung mit allen bisher erlernten Positionen (Beispiel 4)

Ein Aufwärts- Lauf durch alle bisher erarbeiteten Positionen.

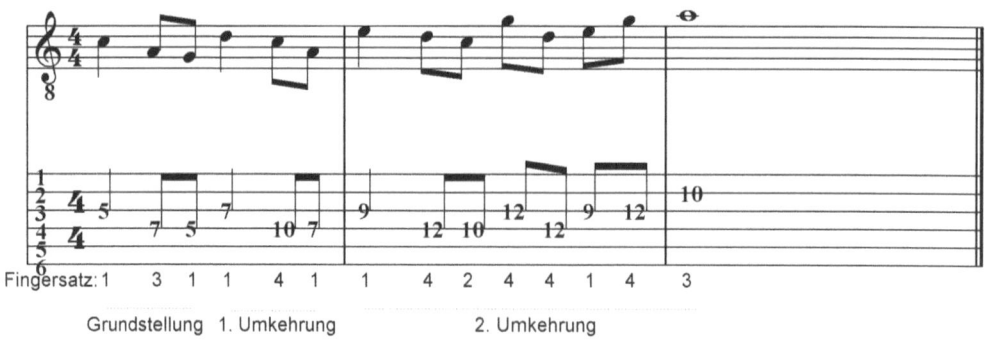

Wie du dir schon vorstellen kannst, gibt es hier zahllose Möglichkeiten. Es ist jetzt an dir, zu experimentieren und alle dir bisher bekannten Positionen auf jede nur erdenkliche Weise miteinander zu verknüpfen. Es gibt dir auch schon ein gefühl dafür, wie du dich nach dem Erlernen aller fünf Positionen beim Solieren gut und sicher über das gesamte Griffbrett bewegen wirst.

Eine gute Möglichkeit, wie du solche Verbindungen auch üben kannst, ist das freie Spielen zu einem Playback bzw. Metronom. Achte dabei besonders darauf, dass du nie zu lange in einer Position verweilst. Im Laufe der Zeit bekommst du mit Sicherheit ein Gefühl dafür, wann es an der Zeit ist, die Position zu wechseln, um nicht immer die gleichen Phrasen zu wiederholen und den Zuhörer damit zu langweilen. Deine Kreativität und dein Geschmack entscheiden, lass dich einfach von deiner Intuition leiten.

Nimm dich selbst beim Spielen auf. Das Handy ist dafür ausreichend. Höre dir diese Aufnahmen nach einigen Tagen (und nicht früher) an. Beurteile dann so objektiv wie möglich, ob dir gefällt, was du gespielt hast. Wenn Licks dabei sind, die du cool findest, analysiere diese und spiele sie noch einmal nach. Sollte dir deine Aufnahme nicht gefallen, versuche herauszufinden, was der Grund dafür ist. Vielleicht spielst du zu oft die gleichen Phrasen oder dein Timing ist noch nicht so wie du es dir vorstellst. Es kann aber auch an der Phrasierung liegen, dass dir deine Aufnahme nicht gefällt (klingt z.B. nicht rockig genug oder zu jazzig etc.). Vielleicht ist das Tempo nicht so, wie du es dir vorstellst.

Es gibt sehr viele Möglichkeiten, wie du an deinem Spiel und deinem Ausdruck arbeiten kannst. Das setzt aber eine gewisse Ehrlichkeit dir selbst gegenüber voraus. Wenn du wirklich daran interessiert bist, besser zu werden, dann vergiss nicht, dass nur du selbst dir das Gitarrespielen beibringen kannst. Das Üben kann dir niemand abnehmen. Dieses Buch bietet dir lediglich eine Hilfestellung, damit du kontrolliert üben kannst und auch nicht zuviel Zeit mit nutzlosen Übungen verschwendest.

Den Punkt, an dem ein Musiker mit dem Erlernen seines Instrumentes fertig ist, gibt es nicht. Nach über vierzig Jahren lerne und übe ich auch noch heute mit Begeisterung. Gerade die vielen Möglichkeiten an Spieltechniken und Ausdrucksmöglichkeiten machen das Lernen eines Instruments interessant. Es gibt immer Neues zu entdecken und dadurch ist es wie eine spannende Reise ohne Ende, bei der du niemals an ein konkretes Ziel ankommen wirst. Mit der Pentatonik kannst du auf alle Fälle für den Rest deines Gitarristendaseins auf ein fundamentales Werkzeug zurückgreifen, das dir in vielen musikalischen Situationen helfen wird.

Im nächsten Kaptiel kommt wieder etwas Neues auf dich zu, das dich weiter zu dem Ziel bringen wird, mehr Freiheit auf dem Griffbrett zu erlangen.

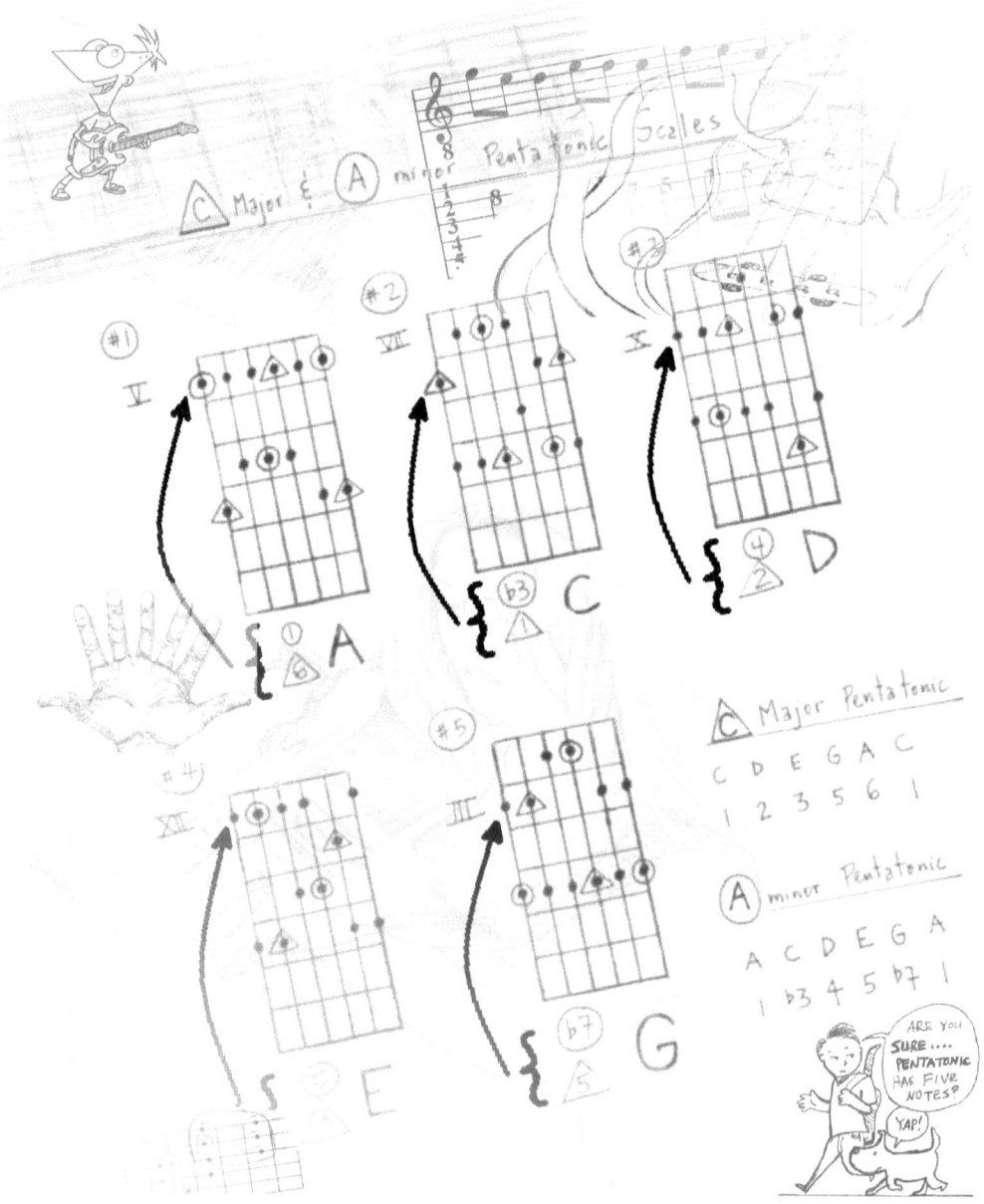

KAPITEL 4

Die dritte Umkehrung

Die dritte Umkehrung

In diesem Kapitel lernst du die vorletzte Position der Pentatonik kennen. In der zweiten Umkehrung lautete die Abfolge der Töne

D E G A C D

Wenn du wie bereits in den vorangegangenen Kapiteln den tiefsten Ton (also das „d") oktavierst, erhältst du eine neue Reihenfolge der Töne, nämlich die der dritten Umkehrung:

E G A C D

So sieht das Griffbild der dritten Umkehrung aus

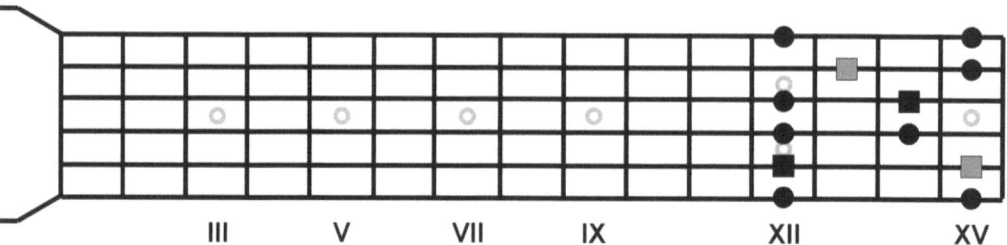

Diese Position sieht der Grundstellung sehr ähnlich. Sie unterscheidet sich von dieser an nur zwei Punkten. Der Startpunkt der dritten Umkehrung ist mit dem Zeigefinger auf der E-Saite zu spielen. Das ist sonst nur in der Grundstellung der Fall, alle anderen Positionen beginnen immer mit dem zweiten Finger. Gib also gut acht, dass du diese Umkehrung nicht mit der Grundstellung verwechselst.

Die oben gezeigte Abbildung der dritten Umkehrung steht wie alle Beispiele in diesem Buch in der Tonart A-Moll / C-Dur.

Betrachte nun bitte die tiefe (dicke) E- Saite: Die dritte Umkehrung setzt an dem Punkt ein, an dem die zweite Umkehrung geendet hat, nämlich am zwölften Bund. Da sich das Griffbrett der Gitarre ab dem zwölften Bund zu wiederholen beginnt und die resutlierenden Töne Oktaven der Leersaiten sind, ist es auch möglich, diese Umkehrung in der ersten Lage zu spielen, beginnend mit dem Ton „e"

Dann ergibt sich dieses Griffbild:

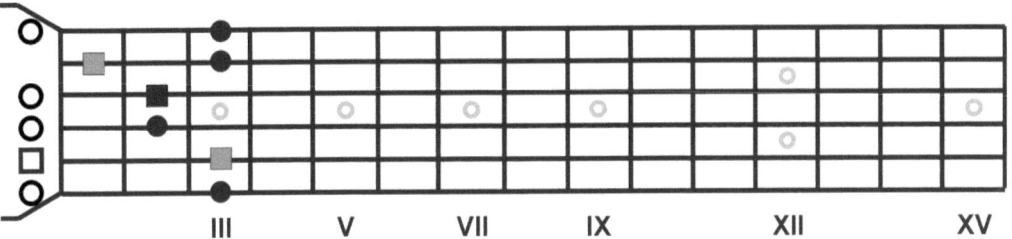

Die Punkte vor dem Beginn des Gitarrenhalses zeigen dir die zu spielenden Leersaiten an.

Es ist also möglich, mit dieser Umkehrung an <u>zwei</u> verschiedenen Positionen des Griffbrettes zu starten!

Damit kannst du nun Töne spielen, die tiefer als die Töne der Grundstellung sind (von der Leersaite bis zum fünften Bund). Für diesen Bereich des Griffbrettes brauchst du also keine neue Position lernen. Ein Verschieben der Position um zwölf Bünde füllt diesen Bereich aus.

Mach dir keine Gedanken, wenn du das jetzt nicht auf Anhieb verstanden hast. Im Rahmen der technischen Übungen wird selbstverständlich näher darauf eingegangen.

Tipp:
Hast du übrigens schon mal überlegt, dass du auch die Grundstellung eine Oktave höher (mit Beginn am 17.Bund) spielen könntest? Versuche es einmal, das macht Spaß!

Hier siehst du nun alle bisher erlernten Positionen inklusive der neuen Um-
kehrung eingezeichnet – das Griffbrett füllt sich zunehmend mit Punkten.
Die Grundtöne der neuen Position für Moll sind schwarz und eckig, die Dur-
Grundtöne sind grau und eckig.

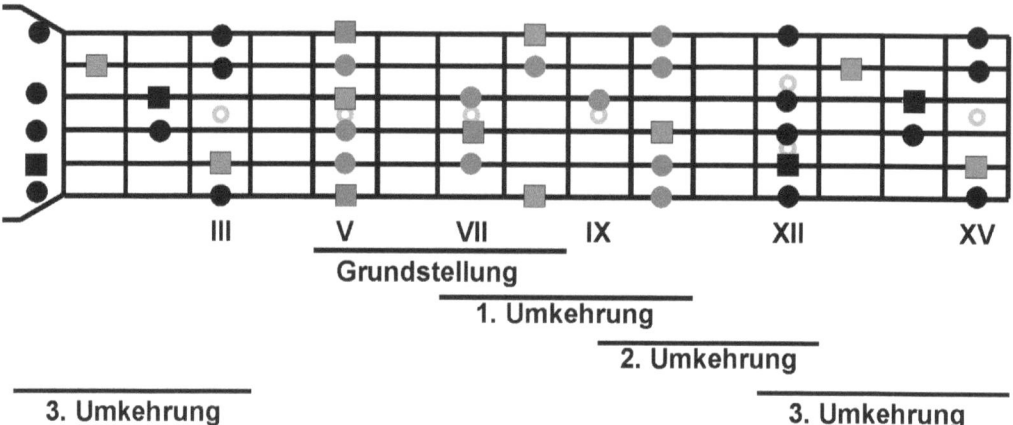

Um die dritte Umkehrung der Pentatonik richtig lokalisieren zu können,
musst du folgende Grundregeln beachten:

Regel 1:

Zum Spielen eines Stückes in MOLL suchst du mit dem ZEIGEFINGER auf
der tiefen E-Saite den Grundton in der GRUNDSTELLUNG. Von dieser aus
gehst du weiter zur ersten und zur zweiten Umkehrung. Hast du diese erreicht, bewege dich mit dem Zeigefinger an die Position, die der kleine Finger
in der zweiten Umkehrung eingenommen hat.

Regel 2:

Zum Solieren über ein Stück in DUR suchst du mit dem KLEINEN FINGER
auf der tiefen E-Saite den Grundton, nimmst von dort die erste und dann die
zweite Umkehrung ein und ersetzt den kleinen Finger durch den Zeigefinger.
Somit hast du die passende Position gefunden.

Beispiele:

Vorgabe ist die Tonart A-Moll:
Suche mit dem Zeigefinger auf der tiefen E-Saite den Ton „A" (= 5. Bund).
Du befindest dich in der Grundstellung. Von dieser bewegst du dich in die
erste und dann in die zweite Umkehrung und setzt an dem Punkt des vierten
Fingers nun den Zeigefinger auf.

Lösung: Die dritte Umkehrung muss mit dem Zeigefinger beginnend am 12.
Bund eingenommen werden. Du kannst aber auch eine Oktave tiefer (= mit
der tiefen E- Saite als Leersaite) beginnen.

Vorgabe ist die Tonart C-Dur:
Suche mit dem kleinen Finger auf der tiefen E-Saite den Ton „C" (= 8. Bund),
nimmst von dort aus die erste und die zweite Umkehrung ein und ersetzt
den kleinen Finger durch den Zeigefinger.

Lösung: Die dritte Umkehrung muss mit dem Zeigefinger beginnend am 12.
Bund gespielt werden. Du kannst auch hier wieder eine Oktave tiefer, also
mit der tiefen E- Saite als Leersaite beginnen.

WICHTIG:

Um die dritte Umkehrung lokalisieren zu können, nimm zuerst generell die
Grundstellung ein. Wechsle von diesem Ausgangspunkt in die erste Umkehrung, dann in die zweite und von dort aus in die neue Position. Im Laufe der
Zeit, wenn du alle Notennamen und Griffbilder der verschiedenen Positionen
auswendig weißt, wirst du die Umkehrungen auf Anhieb finden können.
Achte bei den verschiedenen Positionen immer darauf, ob es grifftechnisch
möglich ist, diese eine Oktave (= 12 Bünde) höher oder tiefer zu spielen.

Lass dich nicht durch die Vielzahl an Möglichkeiten verwirren. Du wirst mit
den Übungen dieses Buches alles soweit aufarbeiten, dass du Klarheit erlangst. Sei also konsequent und lass keine Übung aus.

Übung 57

Tipp: Für die Übung 57 kannst du auch nach der Grafik von Seite 64 arbeiten. Vergiss dabei aber nicht, auf den Fingersatz zu achten.

Spiele die dritte Umkehrung auf und ab. Arbeite dabei mit Wechselschlag!

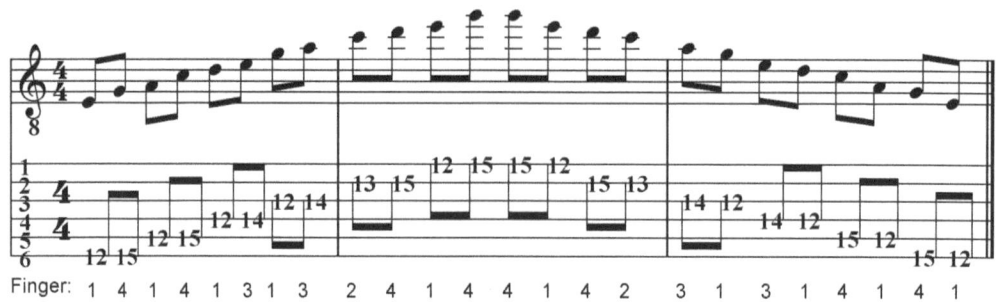

Übung 58

Diese Übung ist identisch mit der Übung davor, sie ist lediglich eine Oktave tiefer. Da an dieser Position Leersaiten vorkommen, habe ich zwei verschiedene Fingersätze notiert: einen für Beginner und einen für Fortgeschrittene. Der Fingersatz für Beginner hat den Vorteil, dass er mit dem Fingersatz der Übung 57 identisch ist. Da dieser in der tiefen Lage aber nicht sehr praktisch ist, ist der alternative Fingersatz von Vorteil. Verwende diesen Fingersatz aber erst, wenn du dir alle Töne gut eingeprägt hast.

Übung 59

Die schon aus den vorangegangenen Kapiteln bekannten Dreier- Gruppen.
Achte genau den Fingersatz.

Übung 60

Sequenzen aus vier Noten. Übe diese auf Tempo. Achte darauf, dass du
dabei nicht das Griffbild der Grundstellung spielst, das diesem ja sehr ähnlich
ist. Du wirst feststellen, dass die Finger gut eingeübte Muster reflexartig wiedergeben, wenn das Tempo hoch ist.

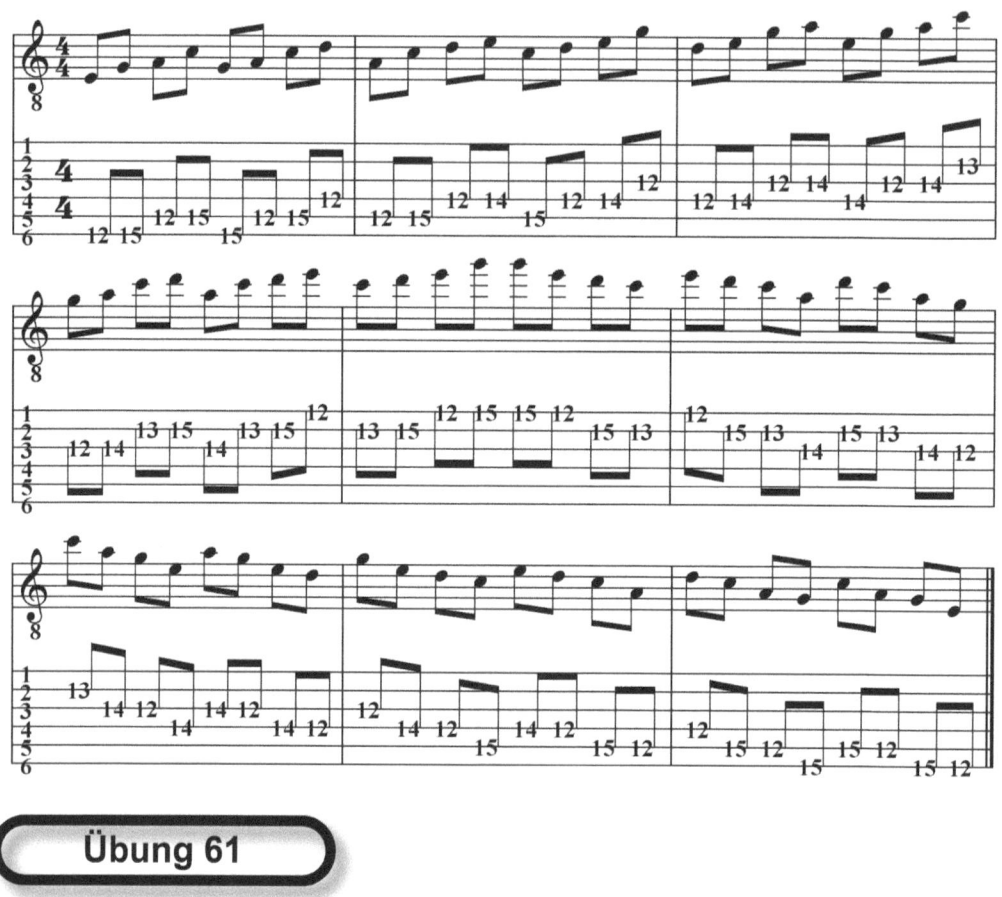

Übung 61

Fragmente dieser Übung werden in der Praxis immer gern verwendet. Es zahlt sich daher aus, wenn du diese Sechser- Gruppen gut übst.

Bei so langen Notengruppierungen ist es oft gar nicht so einfach, den Überblick zu bewahren.

Bestimmt hilft dir dabei der folgende Hinweis:

Endet eine Gruppe mit einem „Außenpunkt" (1. oder 2. Finger), so startet auch die darauffolgende Gruppe mit einem Außenpunkt.
Endet eine Gruppe mit einem „Innenpunkt" (3. oder 4. Finger), so ist die nächste Gruppe auch mit einem Innenpunkt zu beginnen !

Übung 62

Auch diese Übung sollte nicht in deinem Repertoire fehlen.Wie bei der vorangegangenen Übung folgt jedem Innenpunkt wieder ein solcher, nach jedem Außenpunkt kommt wieder ein Außenpunkt an die Reihe.

Übung 63

Hier triffst du wieder auf die bereits bekannten Dreier- Schritte.

Übung 64

Vierer- Schritte Variation 1: Diese Übung kennst du bereits von den vorangegangen Positionen. Sie ist bedingt durch die großen Intervallsprünge für
die rechte Hand ein gutes Training, um die Saiten richtig zu treffen.

Übung 65

Vierer- Schritte Variation 2. Neu: Jeder zweite Schritt wird umgekehrt.

Übung 66

Diese Übung ist identisch mit der Übung 65, hier ist sie jedoch eine Oktave tiefer. Da in diesem Fall sehr viele Leersaiten zum Einsatz kommen ist es sinnvoll, den Fingersatz der Übung 65 anzupassen.

Übung 67

Fünfer- Schritte, Variation 1. Vom Ablauf der Finger ist diese Übung mit den Dreier- Schritten identisch, erfordert jedoch String-Skipping.

Übung 68

Fünfer- Schritte, Variation 2. Eine andere Variation gibt auch logischerweise einen etwas anderen Sound. Auf Grund der großen Intervallsprünge eignet sich diese Sequenz hervorragend, um ungewöhnliche Linien zu kreieren.

Auch bei dieser Übung gilt wieder: Innenpunkt folgt Innenpunkt, Außenpunkt folgt Außenpunkt. Durch das erforderlich String-Skipping wird dabei deine rechte Hand besonders gut trainiert. Das steigert die Treffsicherheit und gibt dir ein gutes Gefühl für die Abstände der Saiten zu einander.

Übung 69

Sechser- Schritte, Oktaven Variation 1. Nachdem diese Übung den Tonraum der fünf pentatonischen Noten übersteigt, ist die hier zu spielende sechste Note gleich der ersten Note, nur eine Oktave höher.

Übung 70

Sechser- Schritte, Oktaven Variation 2. Dies ist die letzte der Schritt- Übungen der dritten Umkehrung.

Übung 71

Verbinden der 2. Umkehrung mit der 3. Umkehrung über die tiefe E-Saite

Es folgen die bereits bekannten Verbindungsübungen. Um die zweite Umkehrung mit der dritten Umkehrung fließend zu verbinden, untersuche diese nach gemeinsam verwendeten Fingern.

Vergleich der 2. mit der 3. Umkehrung auf der tiefen E-Saite:

2. Umkehrung: 2. und 4. Finger
3. Umkehrung: 1. und 4. Finger

Gemeinsamer Punkt: 4. Finger

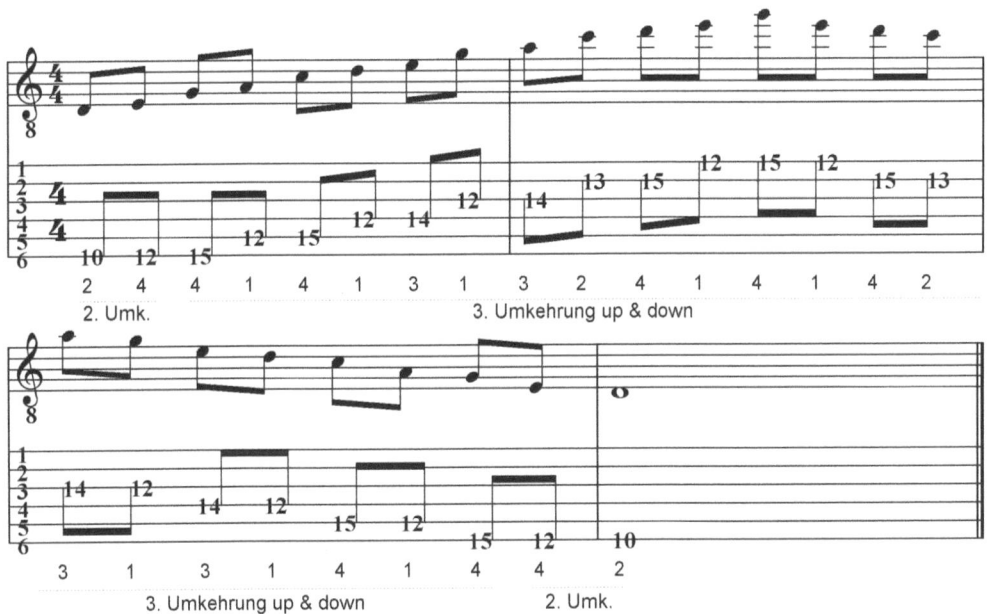

Beachte bitte den Fingersatz besonders an den Stellen, an denen die Positionswechsel vollzogen werden.

Übung 72

Verbinden der 2. Umkehrung mit der 3. Umkehrung über die A-Saite

Da der Vergleich der Fingersätze der beiden Positionen auf der A-Saite mit dem der tiefen E-Saite ein identisches Ergebnis abliefert, wird auch der Übergang auf der A-Saite am effizientesten mit dem kleinen Finger vollzogen.

Vergleich der 2. mit der 3. Umkehrung auf der A-Saite:

2. Umkehrung: 2. und 4. Finger
3. Umkehrung: 1. und 4. Finger

Achte bewusst darauf, dass du den Übergang so nebengeräuschfrei wie nur möglich spielst und vermeide das Entstehen von Rutschgeräuschen. Alternativ dazu kannst du aber auch diesen Übergang besonders deutlich hervor heben, zum Beispiel durch einen Slide.

Übung 73

Verbinden der 2. Umkehrung mit der 3. Umkehrung über die D-Saite

Vergleich der 2. mit der 3. Umkehrung auf der D-Saite:

2. Umkehrung: 2. und 4. Finger
3. Umkehrung: 1. und 3. Finger

Gemeinsamer Punkt: Keiner (!)

Hier steht es dir grundsätzlich frei, wie du diese Verbindung löst. Im nachstehenden Beispiel wird die Verbindung mit dem kleinen Finger vollzogen. Eine andere, auch sehr praktische Möglichkeit ist es, beim Aufwärts- Lauf zum Verbinden den kleinen Finger zu verwenden und bei der Abwärtsbewegung den Zeigefinger. Versuche die verschiedenen Möglichkeiten und lerne dann die Variante, die sich für deine Hände am besten anfühlt.

Übung 74

Verbinden der 2. Umkehrung mit der 3. Umkehrung über die G-Saite

Vergleich der 2. mit der 3. Umkehrung auf der G-Saite:

2. Umkehrung: 1. und 4. Finger
3. Umkehrung: 1. und 3. Finger

Gemeinsamer Punkt: 1. Finger

Hier ist die Sachlage eindeutig und die technische Ausführung dieser Übung ist somit vorgegeben.

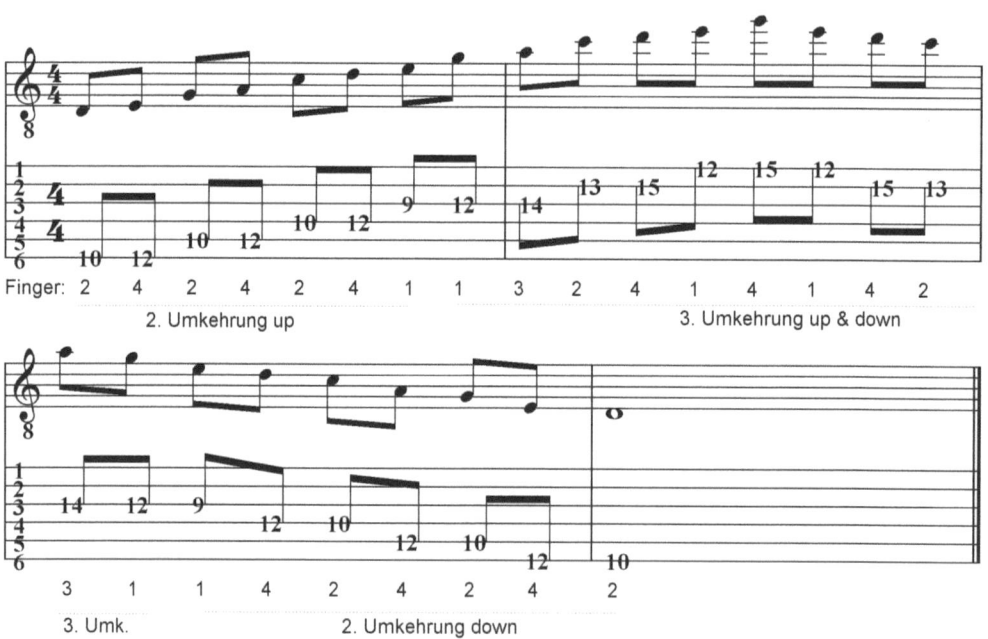

Mit den Verbindungsübungen erarbeitest du dir den Grundstock für ein absolut flüssiges Gitarrespiel. Der Nutzen, den du aus diesen Übungen ziehen kannst, ist außerordentlich hoch. Du findest im „Pentatonic Practice Book" im 6. Kapitel (Seite 93 ff) einige Licks, die mehrere Positionen durchwandern.

Übung 75

Verbinden der 2. Umkehrung mit der 3. Umkehrung über die B- (H) Saite

Vergleich der 2. mit der 3. Umkehrung auf der B- (H) Saite:

2. Umkehrung: 1. und 4. Finger
3. Umkehrung: 2. und 4. Finger

Gemeinsamer Punkt: 4. Finger

Übung 76

Verbinden der 2. Umkehrung mit der 3. Umkehrung über die hohe E- Saite

Vergleich der 2. mit der 3. Umkehrung auf der hohen E-Saite:

2. Umkehrung: 1. und 3. Finger
3. Umkehrung: 1. und 4. Finger

Gemeinsamer Punkt: 1. Finger

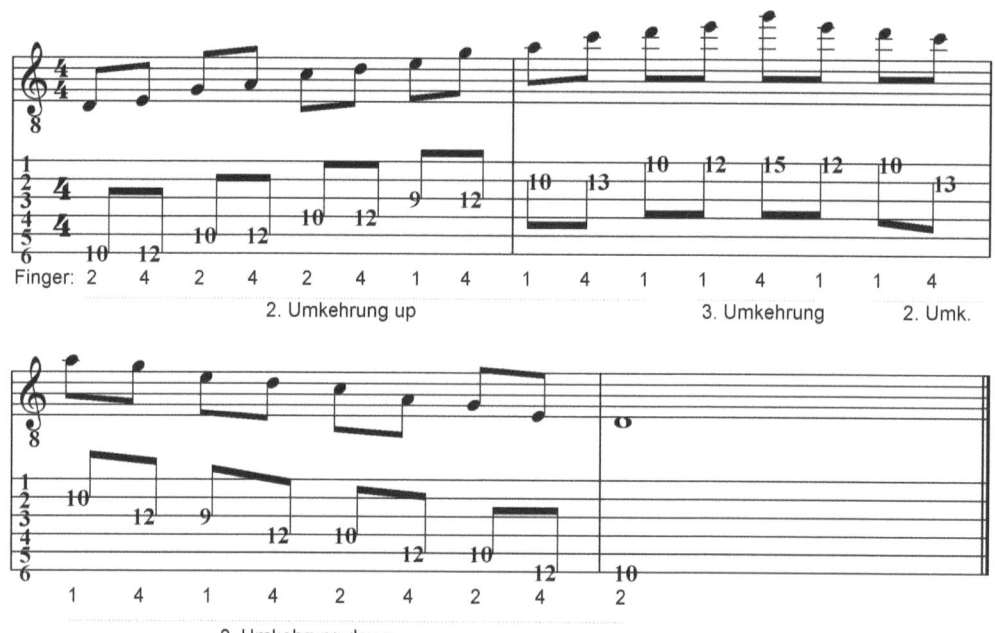

Das war die letzte der Verbindungsübungen. Wenn du alle sorfältig durch-
gearbeitet hast, dürfte der nahtlose Übergang zwischen der zweiten und der
dritten Umkehrung kein Problem mehr für dich darstellen.

**Zusammenfassung aller Verbindungsübungen der 2. Umkehrung mit
der 3. Umkehrung**

In dieser Übung sind alle Verbindungspunkte zwischen diesen beiden Positionen inkludiert. Versuche diese Übung auswendig zu lernen.

Fortsetzung auf der nächsten Seite →

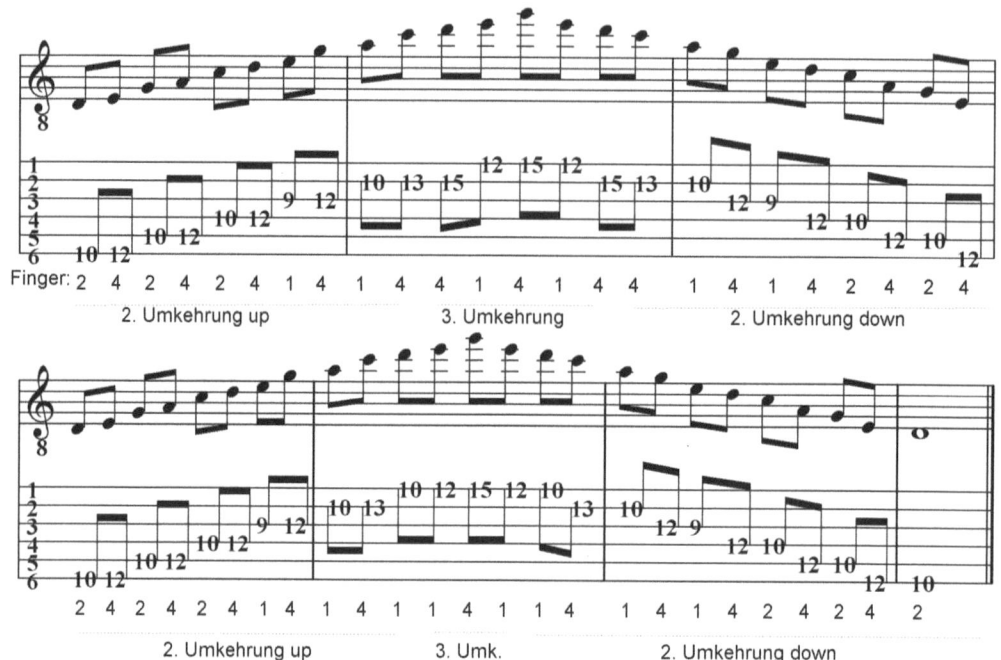

Zum Abschluß dieses Kapitels gibt es noch ein paar Verbindungsübungen mit *allen* bisher erlernten Positionen. Wie schon im vorigen Kapitel angemerkt würde es den Rahmen dieses Buches sprengen, alle Möglichkeiten und deren Kombinationen einzeln aufzuführen. Sei kreativ und experimentiere mit dem bisher erlernten Material. Schreibe deine Ideen und Licks auf.

Verbindungsübung mit allen bisher erlernten Positionen (Beispiel 1)

Ein kleiner Aufwärts- Run durch die verschiedenen Positionen.

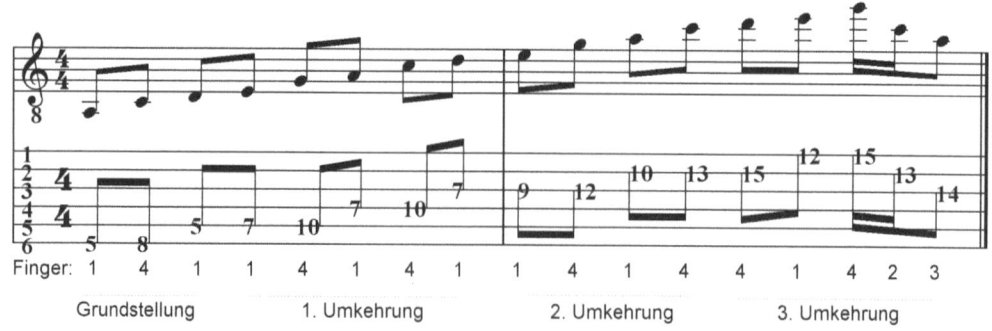

Übung 79

Verbindungsübung mit allen bisher erlernten Positionen (Beispiel 2)

Bei dieser Übung spielst du abwärts durch alle Positionen von der 3. Umkehrung bis zur Grundstellung.

Übung 80

Verbindungsübung mit allen bisher erlernten Positionen (Beispiel 3)

Durch geschicktes Verbinden kannst du mit nur wenig Aufwand einen sehr großen tonalen Bereich abdecken.

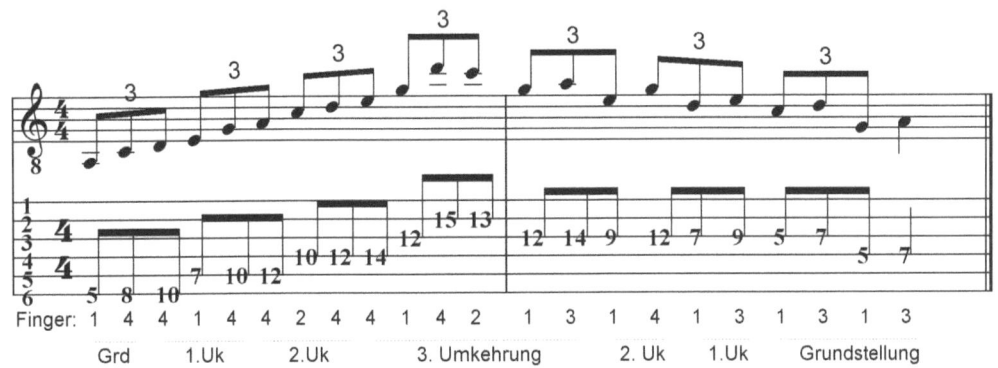

Auf dieser Grafik siehst du, welchen Bereich des Griffbrettes du mit den bisher erlernten Positionen bereits abdecken kannst und wie groß die noch nicht erarbeitete „Grauzone" ist. Diese liegt zwischen dem zweiten und dem fünften Bund.

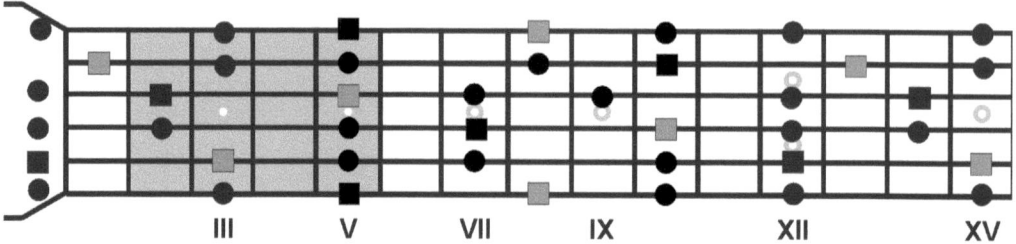

Mit den Innenpunkten der dritten Umkehrung und den Außenpunkten der Grundstellung deckst du bereits alle pentatonischen Punkte am Griffbrett ab. Es gibt aber noch ein kleines, fehlendes Verbindungsstück. Dieses muss die dritte Umkehrung mit der Grundstellung verbinden, um dann den gesamten Bereich des Griffbretts abdecken zu können.

Im nächsten Kapitel lernst du die letzte Position der Pentatonik am Griffbrett kennen.

KAPITEL 5

Die vierte Umkehrung

Die vierte Umkehrung

Schau dir die Reihenfolge der Töne in der vierten Umkehrung an. Diese
lautet:

G A C D E

Dies ist die letzte mögliche Variante, die fünf Töne der Pentatonik aufeinander zu stapeln. Wenn du für eine weitere Umkehrung den nun tiefsten Ton
(G) eine Oktave nach oben schiebst, erhältst du folgende Schichtung:

G A C D E G

A C D E G - Das entspricht wieder der Grundstellung.

Die nachstehende Grafik zeigt alle bisher erlernten Positionen:

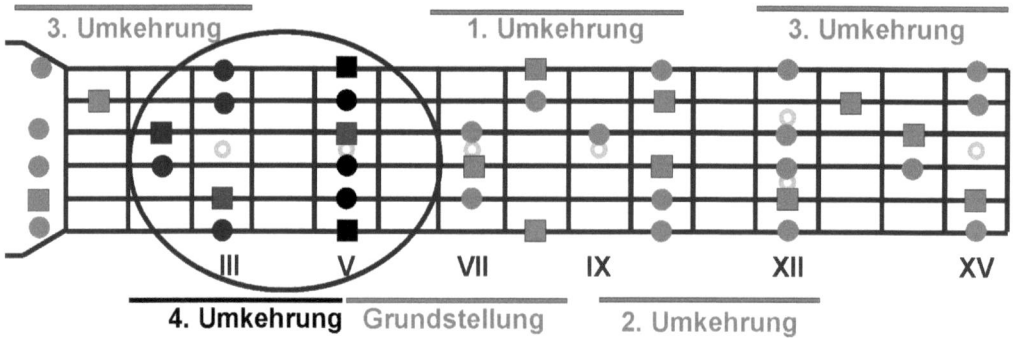

Wie in einem Zahnradsystem greifen alle Positionen ineinander. Hervorge-
hoben und gut zu sehen ist hier das fehlende Verbindungsstück zwischen
der dritten Umkehrung und der Grundstellung.

Die vierte Umkehrung verwendet die Eckpunkte der dritten Umkehrung und
der Grundstellung. Es ist auch wieder möglich, diese Umkehrung eine Oktave höher, beginnend am 15.Bund, zu spielen.

So sieht das separierte Griffbild der vierten Umkehrung aus:

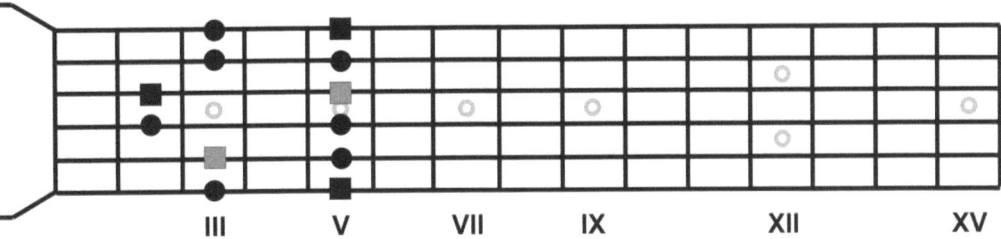

Diese Position verwendet ein symmetrisches Muster. Wenn du das Griffbrett zwischen der D- und der G-Saite teilst erhältst du zwei gleiche, gespiegelte Teile. Diese Regelmäßigkeit macht es einfach, sich diese Umkehrung relativ schnell zu merken.

Eine Oktave höher sieht die vierte Umkehrung so aus:

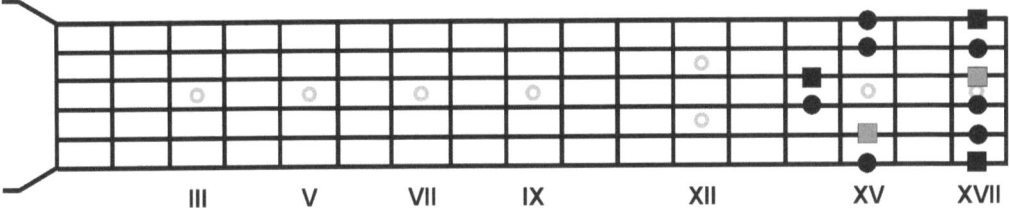

Beachte folgende Grundregeln, um die vierte Umkehrung der Pentatonik richtig zu finden:

Regel 1:
Zum Bespielen eines Stückes in <u>MOLL</u> suchst du mit dem <u>ZEIGEFINGER</u> auf der tiefen E-Saite den Grundton in der GRUNDSTELLUNG, gehst von dieser aus durch alle bisher erlernten Positionen und bewegst dich dann mit dem zweiten Finger weiter an die Position, die der kleine Finger in der dritten Umkehrung eingenommen hat. Alternativ kannst du auch von der Grundstellung aus einen Ganzton (=2 Bünde) tiefer los spielen.

Regel 2:
Zum Solieren über ein Stück in <u>DUR</u> suchst du mit dem <u>KLEINEN FINGER</u> auf der tiefen E-Saite den Grundton (= Grundstellung), nimmst von dort die anderen drei Umkehrungen ein und ersetzt den kleinen Finger in der dritten Umkehrung durch den zweiten Finger. Somit hast du die passende Position gefunden. Alternative: Suche mit dem zweiten Finger den Grundton auf der A-Saite.

Beispiele:

<u>Vorgabe</u> ist die Tonart A-Moll:
Suche mit dem Zeigefinger auf der tiefen E-Saite den Ton „A" (= 5. Bund),
das ergibt die Grundstellung, bewegst dich von dort in die bisher erlernten
Umkehrungen und setzt an dem Punkt des vierten Fingers in der dritten Umkehrung nun den zweiten Finger auf. *Alternative:* Suche die Grundstellung
und bewege dich einen Ganzton (=2 Bünde) abwärts.

<u>Lösung:</u> Die vierte Umkehrung muss mit dem zweiten Finger beginnend am
15. Bund gespielt werden. Du kannst aber auch eine Oktave tiefer (= 3.Bund)
beginnen.

<u>Vorgabe</u> ist die Tonart C-Dur:
Suche mit dem kleinen Finger auf der tiefen E-Saite den Ton „C". Nimm von
dort aus die ersten drei Umkehrungen ein und ersetzte den kleinen Finger
durch den zweiten Finger. *Alternative:* Suche den Grundton mit dem zweiten
Finger auf der A-Saite.

<u>Lösung:</u> Auch hier muss die vierte Umkehrung mit dem zweiten Finger am
15. Bund begonnen werden. Du kannst diese Umkehrung aber auch um eine
Oktave nach unten verschieben (= 3.Bund).

<u>WICHTIG :</u>

Um die vierte Umkehrung richtig
zu finden, <u>suche immer zuerst
die Grundstellung</u>. Diese ist dein
Referenzpunkt, wechsle von dort
aus in die neue Position. Erst im
Laufe der Zeit, wenn du alle
Griffbilder und Notennamen
verinnerlicht hast, wirst du in der
Lage sein, die Umkehrungen auf
Anhieb zu greifen.
Schau auch immer, ob es griff-

technisch möglich wäre, eine Position eine Oktave (=12 Bünde) höher oder
tiefer zu spielen.

Übung 81

Up and down 1: Spiele die vierte Umkehrung, beginnend vom 12. Bund, auf und ab.

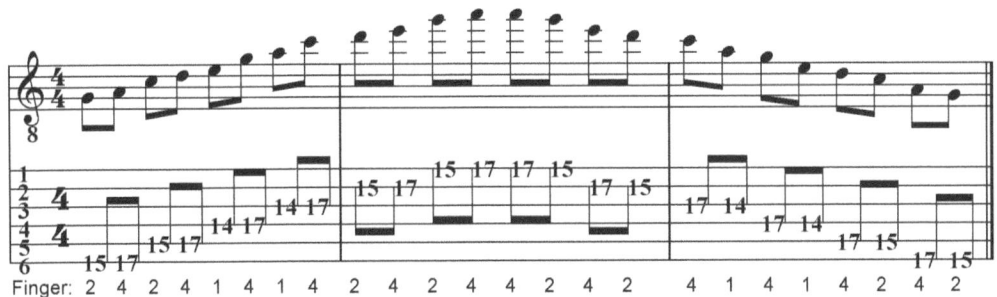

Übung 82

Up and down 2: Die gleiche Übung eine Oktave tiefer. Startpunkt ist nun der dritte Bund.

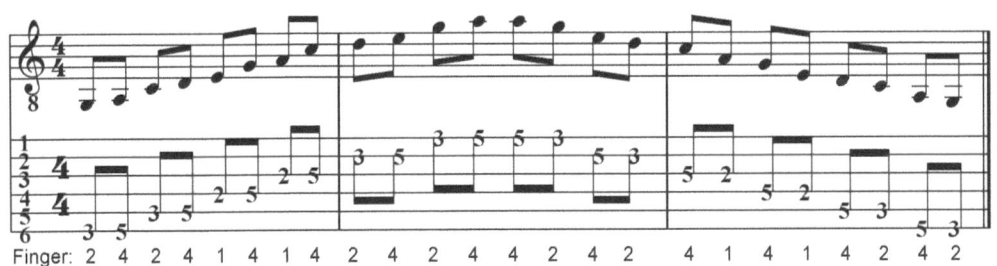

Beachte wie vorhin schon erwähnt die absolut symmetrische Form dieser Position. Wenn du daran denkst, kannst du dir diese Umkehrung leichter merken. Spiele diese Übung so oft bis du sie auswendig wiedergeben kannst.

Übung 83

Dreier- Gruppen werden in der Praxis sehr oft verwendet. Fragmente dieser Übung sind sehr oft in Soli zu hören.

Übung 84

Vierer- Schritte mit der vierten Umkehrung. Halte dich dabei an den Fingersatz des Griffbildes der vierten Umkehrung. Beginne also mit dem zweiten Finger. Spiele langsam und beobachte deine Greifhand. Sie sollte sich ruhig bewegen und keine unnötigen Lagewechsel vollziehen.
Bedenke: was immer du schlampig einlernst, wirst du auch später, speziell bei hohen Tempi, nur unsauber wiedergeben.

Übung 85

Sechser- Gruppen, zur Abwechslung wieder einmal in der tiefen Lage. Spiele diese Übung auch eine Oktave höher, beginnend mit dem 15. Bund.

Diese Übung birgt eine kleine technische Schwierigkeit. Die letzte Note der ersten Sechser- Gruppe wird mit dem kleinen Finger gespielt. Die zweite Sechser- Gruppe beginnt ebenfalls mit dem vierten Finger, zusätzlich mit String-Skipping verbunden. Lege daher besonderes Augenmerk auf die Verbindung dieser Gruppen. Der vierte Finger soll dabei so nah wie möglich bei den Saiten bleiben.

Hier ein Tipp, um nicht die Übersicht bei diesen langen Gruppenzu verlieren („Hab ich jetzt erst fünf Noten gespielt oder doch schon sechs?"):

Endet eine Gruppe mit einem „Außenpunkt" (1. oder 2. Finger), so startet auch die darauffolgende Gruppe mit einem Außenpunkt.
Endet eine Sechser- Gruppe mit einem „Innenpunkt" (4. Finger), dann beginnt die nächste Gruppe auch mit einem Innenpunkt.

Übung 86

Dreier- Schritte Variation 1: Auch hier gilt Innenpunkt nach Innenpunkt und Außenpunkt nach Außenpunkt.

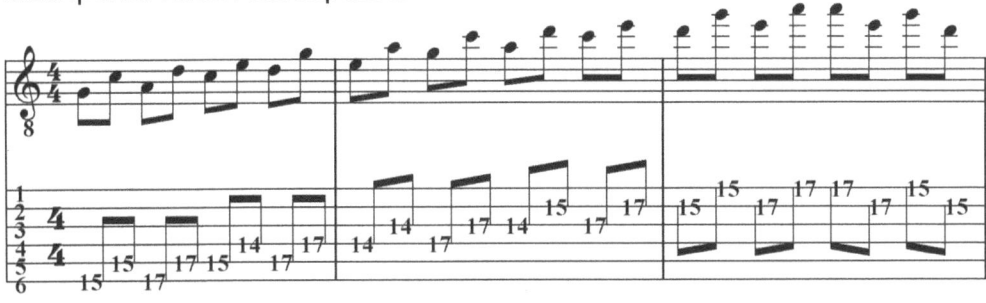

Übung 87

Dreier- Schritte Variation 2: Damit du auch in der tieferen Lage Sicherheit erlangst, ist diese Variation um eine Oktave nach unten verschoben.

Übung 88

Vierer- Schritte Variation 1: Achte dabei gut auf die Anschlaghand.

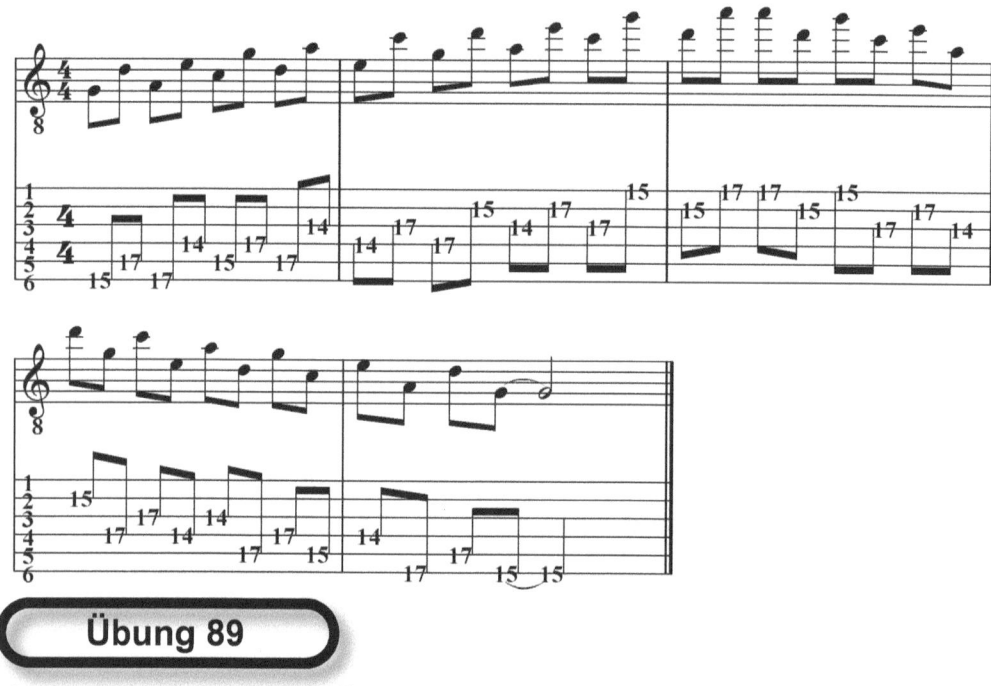

Übung 89

Vierer- Schritte, Variation 2.

Übung 90

Fünfer- Schritte Variation 1, hier benötigst du String-Skipping.

Übung 91

Fünfer- Schritte Variation 2, diesmal wieder in tiefer Lage.

Übung 92

Sechser- Schritte Variation 1 (Oktaven).

Übung 93

Sechser- Schritte Variation 2 (Oktaven).

Übung 94

Verbinden der 3. Umkehrung mit der 4. Umkehrung über die tiefe E-Saite

Wie du die dritte Umkehrung mit der vierten Umkehrung fließend verbinden kannst, lernst du nun in den folgenden Verbindungsübungen. Schau dir die Fingersätze der beiden Positionen an und suche nach Gemeinsamkeiten.

Vergleich der 3. und der 4. Umkehrung auf der tiefen E-Saite:

3. Umkehrung: 1. und 4. Finger
4. Umkehrung: 2. und 4. Finger

Gemeinsamer Punkt: 4. Finger

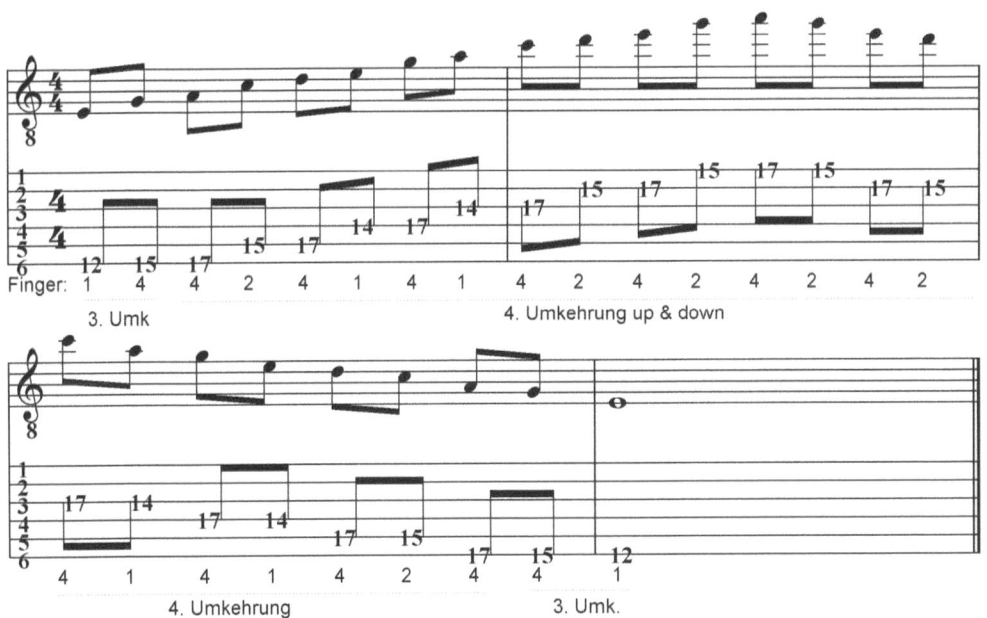

Achte auch bei dieser Übung wieder auf den Fingersatz und verwende Wechselschlag. Lege deinen Fokus auf die Stellen, an denen der Positionswechsel vollzogen wird.

Übung 95

Verbinden der 3. Umkehrung mit der 4. Umkehrung über die A-Saite

Der Vergleich der Fingersätze der beiden Positionen auf der A-Saite mit dem der tiefen E-Saite gibt ein identisches Ergebnis. Somit wird auch der Übergang auf der A-Saite wieder mit dem kleinen Finger vollzogen.

Vergleich 3. und 4. Umkehrung auf der A-Saite:

3. Umkehrung: 1. und 4. Finger
4. Umkehrung: 2. und 4. Finger

Gemeinsamer Punkt: 4. Finger

Übung 95

Verbinden der 3. Umkehrung mit der 4. Umkehrung über die D-Saite

Vergleich 3. und 4. Umkehrung auf der D-Saite:

3. Umkehrung: 1. und 3. Finger
4. Umkehrung: 1. und 4. Finger

Gemeinsamer Punkt: 1. Finger

Achte zwischendurch auch immer wieder auf die Haltung deiner Hände. Gerade in diesem Bereich des Griffbretts ist es aus Platzgründen oft schwierig, sauber zu greifen.
Tipp: Kontrolliere deine Handhaltung mit einem Spiegel.

Übung 97

Verbinden der 3. Umkehrung mit der 4. Umkehrung über die G-Saite

Vergleich 3. und 4. Umkehrung auf der G-Saite:

3. Umkehrung: 1. und 3. Finger
4. Umkehrung: 1. und 4. Finger

Gemeinsamer Punkt: 1. Finger

Übung 98

Verbinden der 3. Umkehrung mit der 4. Umkehrung über die B- (H) Saite

Vergleich 3. und 4. Umkehrung auf der B- (H) Saite:

3. Umkehrung: 2. und 4. Finger
4. Umkehrung: 2. und 4. Finger

Gemeinsame Punkte: 2. und 4. Finger

Hier gibt es zwei gemeinsame Punkte, dadurch hast mehrere Möglichkeiten, diese Verbindung zu lösen. In der Praxis hat es sich sehr gut bewährt, aufwärts den 2. Finger und abwärts den 4. Finger zu verwenden. Beides bietet auch eine gute Möglichkeit, Slides in das Spiel zu integrieren.

Übung 99

Verbinden der 3. Umkehrung mit der 4. Umkehrung über die E-Saite
Vergleich 3. und 4. Umkehrung auf der hohen E-Saite:
3. Umkehrung: 1. und 4. Finger
4. Umkehrung: 2. und 4. Finger *Gemeinsamer Punkt:* 4. Finger

Übung 100

Zusammenfassung aller Verbindungsübungen der 3. Umkehrung mit der 4. Umkehrung

Noch ist das Ende der Verbindungsübungen nicht erreicht. Du siehst hier eine Zusammenfassung aller Töne der verschiedenen Aufeinanderschichtungen (Umkehrungen):

Grundstellung: A   C   D   E   G   A

1. Umkehrung: C   D   E   G   A   C

2. Umkehrung: D   E   G   A   C   D

3. Umkehrung: E   G   A   C   D   E

4. Umkehrung: G   A   C   D   E   G

Grundstellung: A   C   D   E   G   A

Die vierte Umkehrung ist das Bindeglied zwischen der dritten Umkehrung und der Grundstellung. Es fehlen also noch die Verbindungsübungen zwischen der vierten Umkehrung und der Grundstellung. Diese folgen in den nächsten Übungen.

Übung 101

Verbinden der 4. Umkehrung mit der Grundstellung über die tiefe E-Saite

Suche nach Gemeinsamkeiten.

Vergleich der 4. Umkehrung und der Grundstellung auf der tiefen E-Saite:

4. Umkehrung: 2. und 4. Finger
Grundstellung: 1. und 4. Finger

Gemeinsamer Punkt: 4. Finger

Diese Übung ist in tiefer Position notiert – selbstverständlich ist es auch wieder möglich, diese Übung eine Oktave höher (am 15. Bund beginnend) zu spielen.

Übung 102

Verbinden der 4. Umkehrung mit der Grundstellung über die A-Saite

Vergleich der 4. Umkehrung mit der Grundstellung auf der A-Saite:

4. Umkehrung: 2. und 4. Finger
Grundstellung: 1. und 3. Finger

Gemeinsamer Punkt: Keiner

Da hier kein gemeinsamer Punkt vorhanden ist, ist grifftechnisch jede Variante möglich. Sehr gut hat sich folgende Vorgehensweise bewährt: Verwende für die Aufwärtsbewegung den vierten Finger. Es wäre zwar auch möglich, den zweiten Finger zu nehmen, es ist aber übersichtlicher, den Fingersatz der vierten Umkehrung nicht zu verändern und dafür in der Grundstellung eine Korrektur vorzunehmen. Abwärts ist es mit dem ersten Finger sehr praktisch. Wenn du nämlich den dritten Finger dazu verwendest, musst du in der vierten Umkehrung zwischen dem dritten und dem zweiten Finger überstrecken. Probiere es einmal und du wirst feststellen, dass diese Lösung sehr ungeschickt ist.

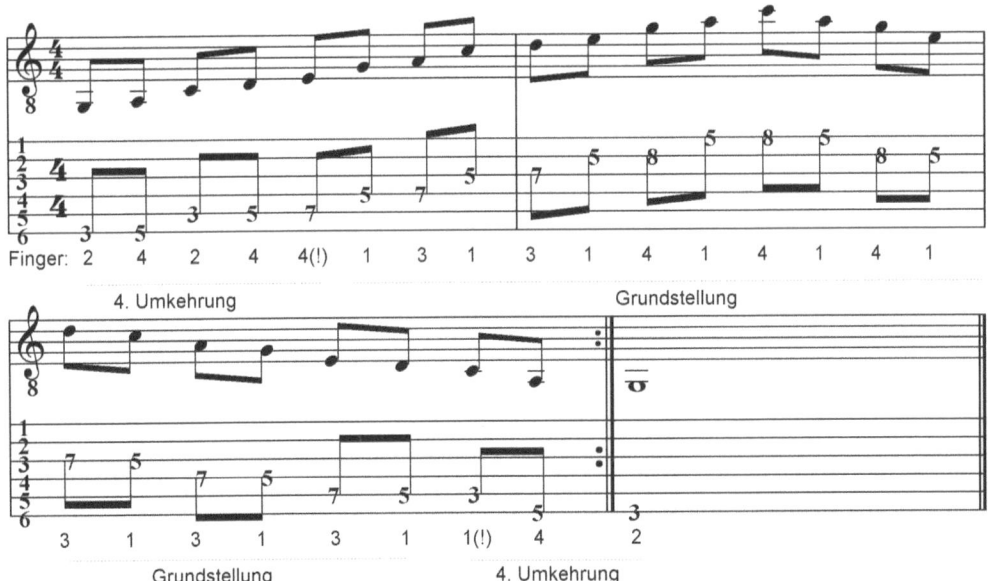

Übung 103

Verbinden der 4. Umkehrung mit der Grundstellung über die D-Saite

Vergleich der 4. Umkehrung mit der Grundstellung auf der D-Saite:

4. Umkehrung: 1. und 4. Finger
Grundstellung: 1. und 3. Finger

Gemeinsamer Punkt: 1. Finger

Übung 104

Verbinden der 4. Umkehrung mit der Grundstellung über die G-Saite

Vergleich 4. Umkehrung und Grundstellung auf der G-Saite:

4. Umkehrung: 2. und 4. Finger
Grundstellung: 1. und 3. Finger
Gemeinsamer Punkt: 1. Finger

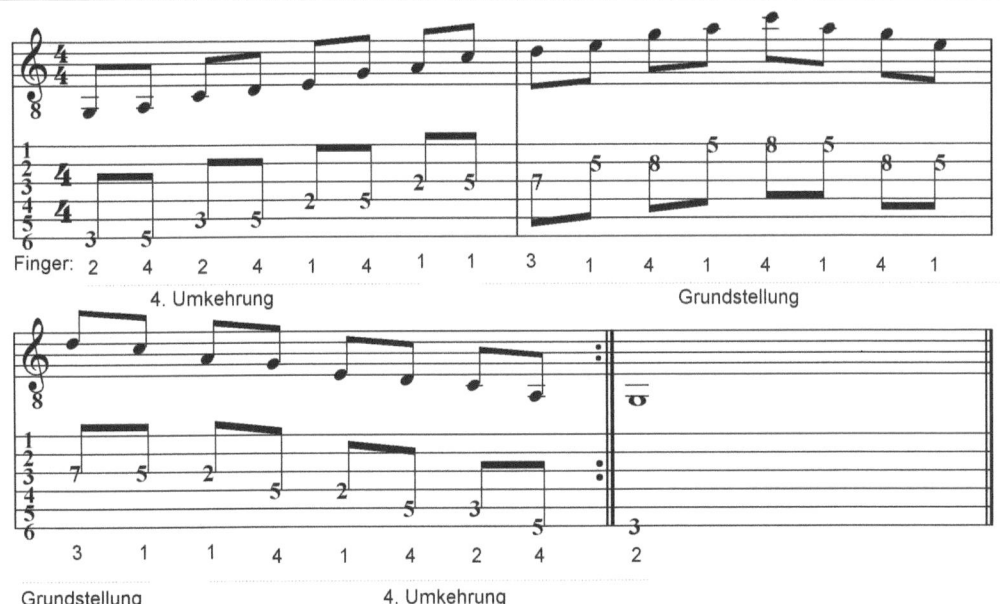

Finger: 2 4 2 4 1 4 1 1 3 1 4 1 4 1 4 1

4. Umkehrung   Grundstellung

3 1 1 4 1 4 2 4 2

Grundstellung   4. Umkehrung

Übung 105

Verbinden der 4. Umk. mit der Grundstellung über die B- (H) Saite

Vergleich der 4. Umkehrung mit der Grundstellung auf der B- (H) Saite:

4. Umkehrung: 2. und 4. Finger

Grundstellung: 1. und 4. Finger

Gemeinsamer Punkt: 4. Finger

Finger: 2 4 2 4 1 4 1 4 2 4 4 1 4 1 4 4

4. Umkehrung   Grundstellung   4. Uk

2 4 1 4 1 4 2 4 2

4. Umkehrung

Übung 106

Verbinden der 4. Umkehrung mit der Grundstellung über die hohe E-Saite

Vergleich der 4. Umkehrung mit der Grundstellung auf der hohen E-Saite:

4. Umkehrung: 2. und 4. Finger
Grundstellung: 1. und 4. Finger

Gemeinsamer Punkt: 4. Finger

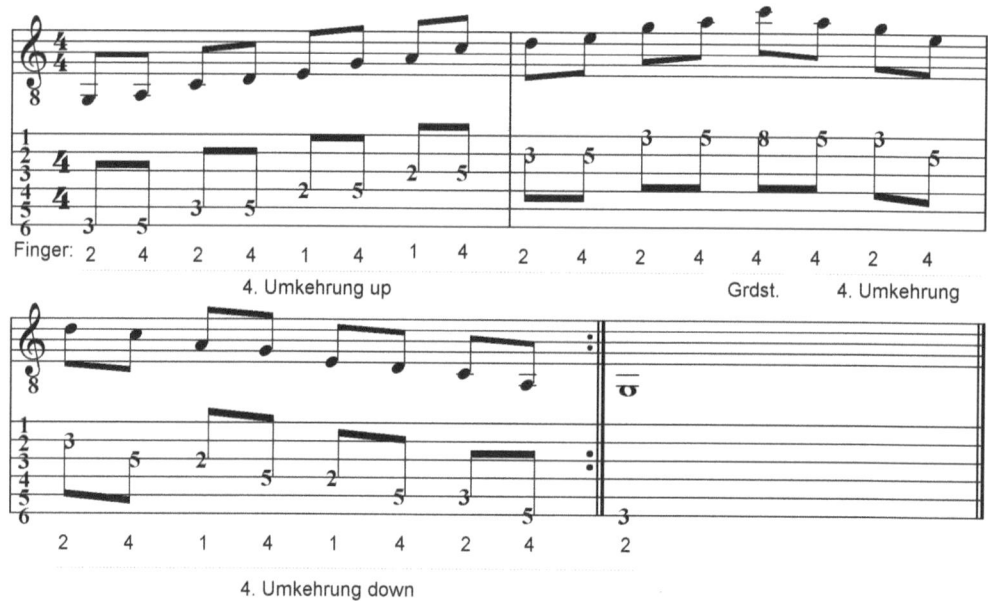

Übung 107

Zusammenfassung aller Verbindungsübungen der 4. Umkehrung mit der Grundstellung

Nach den Übungen 101 – 106 sollte dir diese Übung nicht schwer fallen. Bedingt durch die Länge der Übung erfordert es jedoch einiges an Konzentration, diese Übung fehlerfrei zu meistern.

Fortsetzung auf der nächsten Seite →

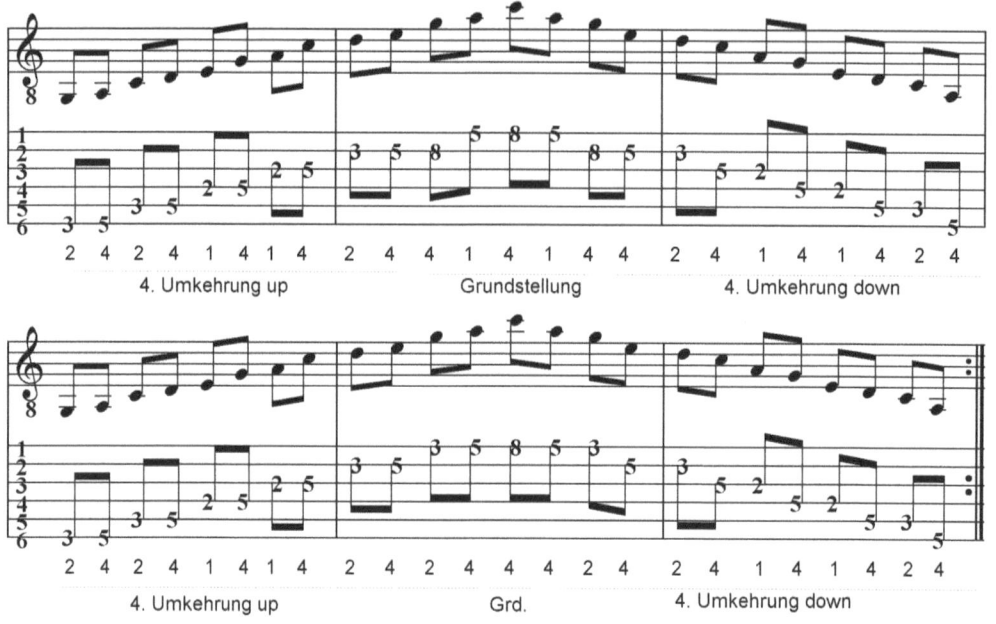

Mit den vorangegangen Übungen solltest du nun für die meisten musikalischen Situationen gut gewappnet sein.

Es gibt natürlich unzählige Möglichkeiten, alle fünf Positionen miteinander zu verbinden. Daher ist es unmöglich, alle Variationen zu notieren oder gar sich diese zu merken. Und das, obwohl die Pentatonik aus nur fünf verschiedenen Tönen besteht. Es liegt nun an dir, aus der Fülle an Möglichkeiten diese zu finden, die klanglich und grifftechnisch deinem Geschmack entsprechen. Sei kreativ und arbeite mit der Pentatonik. Lasse deine Musikalität einfließen, denke aber auch an eine Songdienlichkeit deiner Ideen.

Die folgende Übung wird dir helfen, alle pentatonischen Positionen auf Dauer gut im Gedächtnis zu behalten. Sie sollte ein ständiger Wegbegleiter in deinem Gitarristenleben sein. Du kannst die Übung beim täglichen Auwärmprogramm verwenden. Selbstverständlich darfst du diese Übung nach deinem Geschmack abändern. Du kannst z.B. jede Position up & down spielen und dann erst zur nächsten Position wechseln. Wenn du die Übung modifizierst achte darauf, dass immer alle Positionen in deiner Übung enthalten sind!

Übung 108

Verbindungsübung mit allen pentatonischen Positionen (Bitte ab jetzt <u>täglich</u> spielen!)

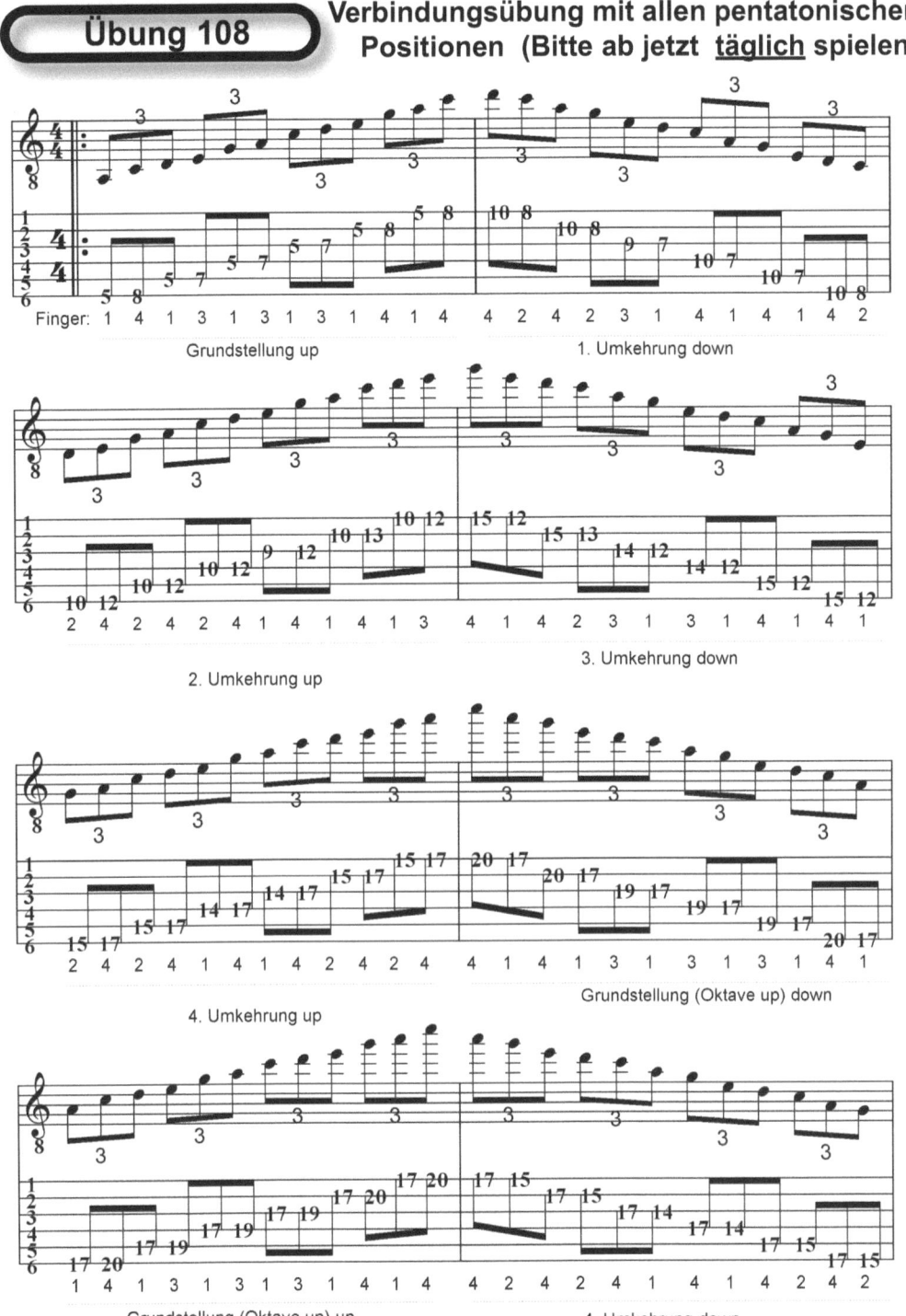

Fortsetzung auf der nächste Seite →

3. Umkehrung up · 2. Umkehrung down

1. Umkehrung up · Grundstellung down

Sehr oft kann man bei Gitarristen beobachten, dass sie alle Positionen in der Form spielen, wie sie diese gelernt haben: Vertikal und Umkehrung für Umkehrung. Das erkennst du daran, das beim Solieren abrupt Lagewechsel (meist noch verbunden mit einer kleinen Umgreif-Pause) stattfinden. Dadurch kommt kein richtiger Spielfluss zustande und für den Zuhörer ergibt das kein angenehmes, „rundes" Klangbild.

Außer den Verbindungsübungen gibt es eine interessante Möglichkeit, fließende Melodielinien quer durch alle Positionen zu spielen. Dazu musst du lernen, die Pentatonik aus einem anderen Blickwinkel als bisher zu betrachten: Horizontal.

Dieser Aspekt wird von vielen Gitarristen leider außer acht gelassen. Durch eine horizontale Betrachtensweise der Pentatonik am Griffbrett wirst du jedoch in der Lage sein, Solo- Linien zu spielen, die sich soundmäßig sehr stark von herkömmlich patternorientiert gespielten Linien unterscheiden.
Du lernst dabei, dich nahtlos durch die verschiedenen Positionen zu bewegen. Das bringt dir auf lange Sicht sehr viel Freiheit am Griffbrett.

KAPITEL 6

Horizontal

Bis hierher hast du gelernt, die Pentatonik in fünf vertikalen Abschnitten zu erfassen und zu spielen. Das dient der grundsätzlichen Orientierung am Griffbrett. In diesem Kapitel lernst du nun eine neue, horizontale Betrachtensweise kennen. Dies wird es dir ermöglichen, dich nahtlos am Griffbrett durch die Pentatonik zu bewegen, um flüssige Linien auch über große Intervallsprünge spielen zu können oder um verschiedene, weiter entfernte Positionen miteinander zu verbinden. Technisch sind die folgenden Übungen auf Grund der teilweise erforderlichen Überstreckungen an manchen Stellen gewöhnungsbedürftig.

Setze die Priorität in diesem Kapitel nicht auf hohes Tempo. Viel wichtiger ist es, diese Übungen fehlerfrei spielen zu können!

Damit du auch hier mit System arbeiten kannst, wirst du die Pentatonik nun Saite für Saite in horizontaler Richtung erforschen.

Auf der tiefen E-Saite wird dir das vermutlich relativ leicht fallen, da du dich bisher an dieser Saite orientiert hast, um die Startpunkte der Umkehrungen richtig zu positionieren.

Betrachte im ersten Schritt nun die Abstände der Töne zueinander. Es ist für dich wichtig, dass du sie kennst. Von diesen kannst du nämlich die als nächstes zu spielenden Töne von der Note, an der du dich beim Spielen gerade befindest, ableiten.

Der Abstand der Töne zueinander ist immer gleich (das Beispiel steht wie immer in A-Moll / C-Dur):

Dur (C bis C)
A – C: 3 Halbtonschritte (= Bünde)
C – D: 2 Halbtonschritte (= Bünde)
D – E: 2 Halbtonschritte (= Bünde)
E – G: 3 Halbtonschritte (= Bünde)
G – A: 2 Halbtonschritte (= Bünde)
A – C: 3 Halbtonschritte (= Bünde)
Moll (A bis A)

Das ergibt, vom Grundton aus gesehen, jeweils für Dur und Moll eine der folgenden „Abstandsformeln":

Für Moll (von A zu A):   3 – 2 – 2 – 3 – 2

Für Dur (von C zu C):   2 – 2 – 3 – 2 – 3

Wenn du an irgendeiner Stelle des Griffbretts beginnst, dich vom Grundton aus weiter zu bewegen, kannst du nach dieser Formel vorgehen. Höre auch immer auf das von dir Gespielte. Mittlerweile sollte dein Gehör schon so gut geschult sein, dass du falsche Noten sofort hören kannst.

Da die Pentatonik auf den einzelnen Saiten (bedingt durch die Grundstimmung der Gitarre) nicht immer mit den Grundtönen der jeweiligen Skalen beginnt, ist es hilfreich, wenn du dir vor Beginn der einzelnen Übungen den Grundton als Referenzton vorgibst. Alle Übungen in diesem Buch sind ausnahmslos in A-Moll / C-Dur notiert, somit ist der Grund- bzw. Referenzton„A", um das Beispiel in Moll zu hören oder „C", um das Dur- Klangbild zu hören.

Die angeführten Fingersätze sind Vorschläge, aber nicht bindend. Im Spielfluss kommt es immer auf die jeweilige grifftechnische Situation an, die vorgibt, mit welchen Fingern du greifst. Oft zahlt es sich auch aus, mit verschiedenen Fingersätzen zu experimentieren.

Die tiefe E-Saite:

Up and down horizontal auf der tiefen E-Saite.

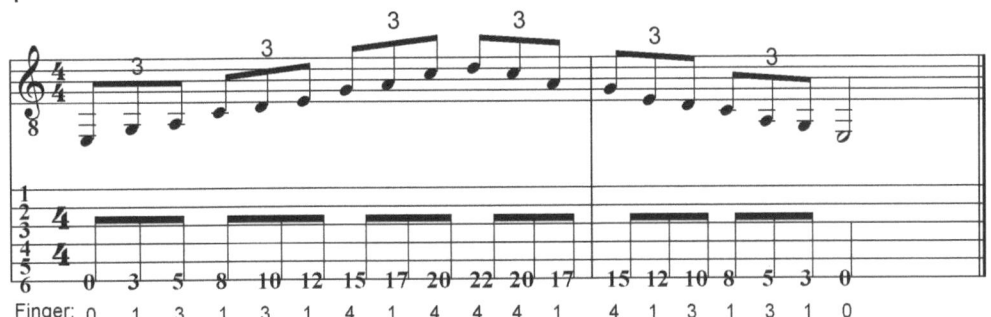

Da nicht alle Gitarren über 24 Bünde verfügen, sind die Horizontal - Übungen nur bis zum 22. Bund ausnotiert. Solltest du auf einer Gitarre mit 24 Bünden spielen, kannst du selbstverständlich das Griffbrett zur Gänze ausnützen und die Übungen entsprechen erweitern.

Übung 110

Dreier- Gruppen, horizontal auf der tiefen E-Saite. Beginne diese Übung langsam und achte darauf, dass du die richtigen Töne triffst. Das Tempo ist dabei nicht relevant.

Übung 111

Vierer- Gruppen, horizontal auf der tiefen E-Saite. Dies ist natürlich auf Grund der großen tonalen Abständen auf einer Saite etwas problematisch. Wenn du bisher wenig oder gar noch nie mit Überstreckungen gearbeitet hast, könnte der vorgeschlagene Fingersatz ungewöhnlich erscheinen. Denke daran, dass nicht alle Finger gleichzeitg am Griffbrett liegen müssen. Du kannst diese selbstverständlich abheben, wenn die nächste Note an der Reihe ist. Wenn du nicht in der Lage bist, den Fingersatz einzuhalten, ist es nicht weiter schlimm. Theoretisch wäre es auch möglich, die ganze Übung nur mit dem ersten Finger zu spielen. In erster Linie geht es darum, Übersicht am Griffbrett zu erlangen.

Übung 112

Horizontal auf der tiefen E-Saite: Dreier- Schritte

Die A-Saite:

Horizontal auf der A-Saite: Up and down. Hier beginnst du mit dem Grundton in Moll (A). Denke an die vorhin genannte Abstandsformel in Moll:
3 – 2 – 2 – 3 – 2

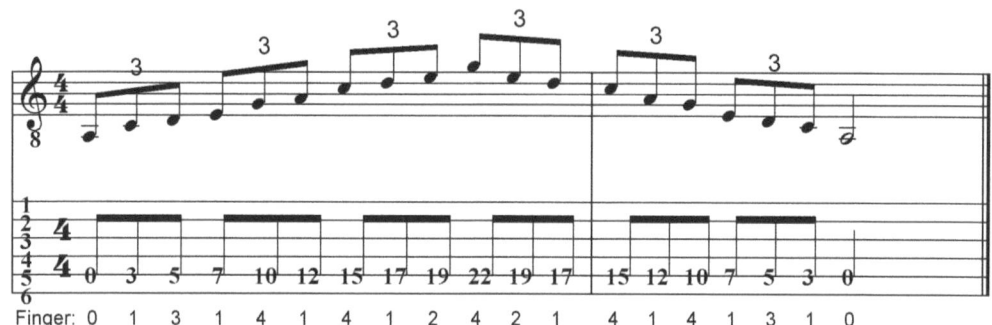

Übung 114

Dreier- Gruppen, horizontal auf der A-Saite. Spiele diese Übung auch mit dem alternativ angeführten Fingersatz.

Übung 115

Bei diesen Vierer- Gruppen rutscht der kleine Finger von der dritten zur vierten Note der Gruppe und führt dadurch die Hand am Griffbrett aufwärts.

Auch bei dieser Übung kannst du dich mit der Abstandsformel leichter orientieren.

Übung 116

Mit diesen Dreier- Schritten enden die Übungen auf der A- Saite.

Die D-Saite:

Weiter geht es mit der D-Saite. Auf dieser Grafik siehst du die Punkte der A-Moll / C–Dur Pentatonik auf der D-Saite.

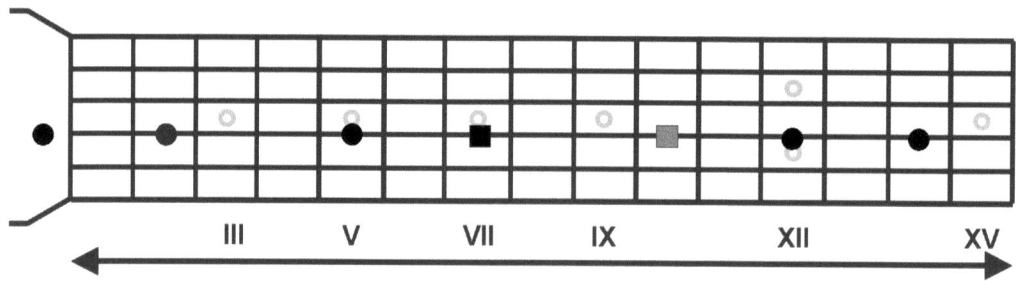

Wie auf allen Grafiken in diesem Buch ist auch hier der Moll-Grundton eckig und schwarz, der Dur-Grundton eckig und grau eingezeichnet.

Übung 117

Horizontal auf der D-Saite: Up and down. Gib dir vor Beginn der Übung den Grundton „A" als Referenz vor.

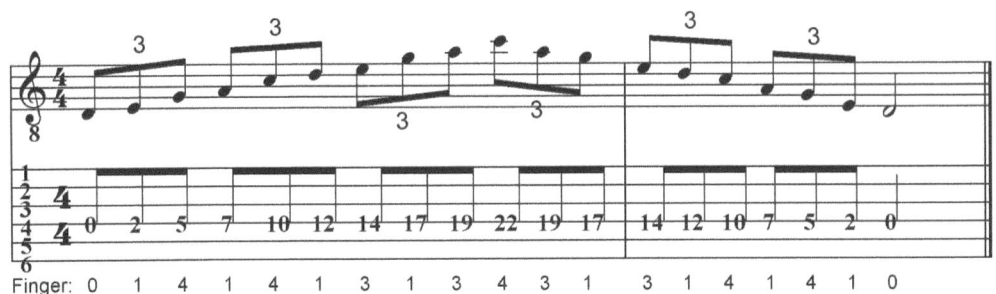

Übung 118

Diese Übung bringt dir nun auf der D- Saite die schon bekannten Dreier-Gruppen.

Übung 119

Das Tempo spielt auch bei den Vierer- Gruppen keine wesentliche Rolle. Versuche einmal, dich nicht nach dem Notenblatt zu orientieren, sondern verlasse dich auf dein Gehör.

Bei den Fingersätzen handelt es sich wie bereits erwähnt nur um Vorschläge. Du kannst bei den Horizontal-Übungen mit eigenen Fingersätzen experimentieren.

Übung 120

Das ist die letzte der Übungen auf der D-Saite. Spiele diese Übung zwischendurch auch mal mit Slides.

Die G-Saite:

Auf der G-Saite liegt der Grundton für A-Moll am zweiten Bund, für C-Dur am fünften Bund. Spiele die folgenden Übungen mittels der Abstandsformel auswendig.

Übung 121

Horizontal auf der G-Saite: Up and down

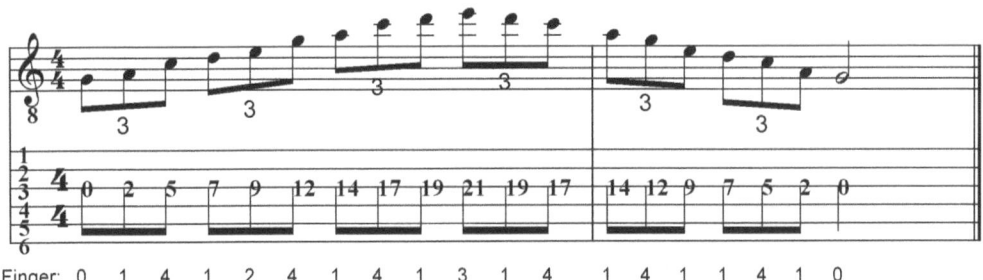

Übung 122

Dreier- Gruppen, horizontal auf der G-Saite.

Übung 123

Übung 123 beinhaltet Vierer- Gruppen. Diese sind horizontal auf der G-Saite zu spielen.

Übung 124

Die letzte Übung auf der G-Saite enthält wieder Dreier- Schritte.

Die B- (H) Saite:

Hier siehst du die Punkte der A-Moll / C-Dur Pentatonik auf der B- (H) Saite:

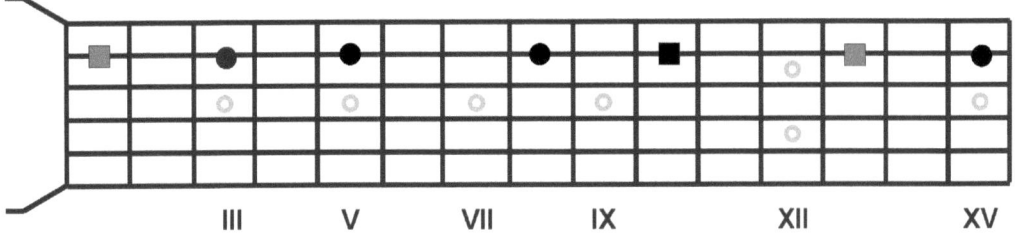

Der Startpunkt ist in diesem Fall der Dur-Grundton (eckig und grau einge-zeichnet).

Übung 125

Die erste Note ist der Dur-Grundton „C". Dadurch hörst du bei dieser Übung das Klangbild der Dur-Pentatonik besonders gut.

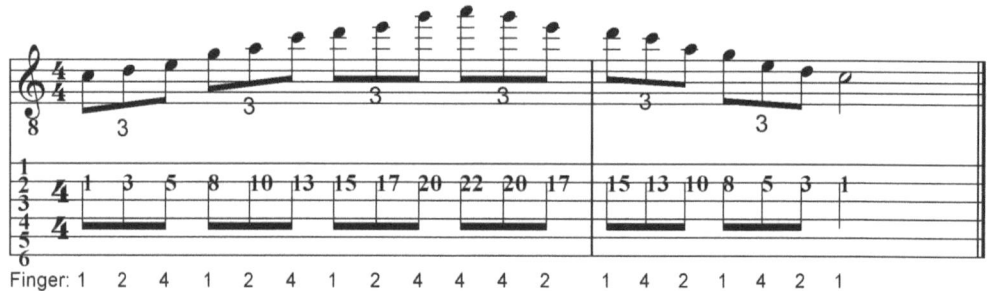

Übung 126

Denke bei den Dreier- Gruppen an die Abstandsformel für Dur.
2 – 2 – 3 – 2 – 3

Übung 127

Die Abstände der Töne machen es nicht einfach, diese Vierer- Gruppen flüssig in einem ansprechendem Tempo zu spielen.

Übung 128

Dreier- Schritte, horizontal auf der B- (H) Saite.

Die dünne E-Saite:

Praktischer Weise hat die Gitarre zwei E- Saiten. Somit kannst du die Übungen 109 bis112 von der dicken E-Saite übertragen ohne etwas neu lernen zu müssen.

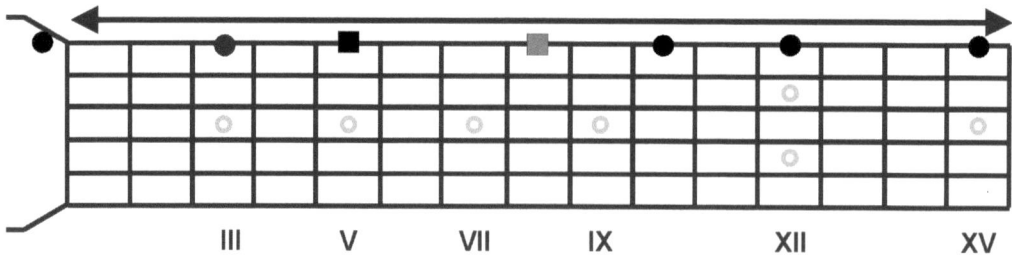

Die folgenden Übungen werden dir dadurch sicher nicht all zu schwer fallen.

Übung 129

Horizontal auf der dünnen E-Saite: Up & down. Diese Übung ist identisch mit Übung Nummer 109, hier allerdings am anderen Rand des Griffbrettes.

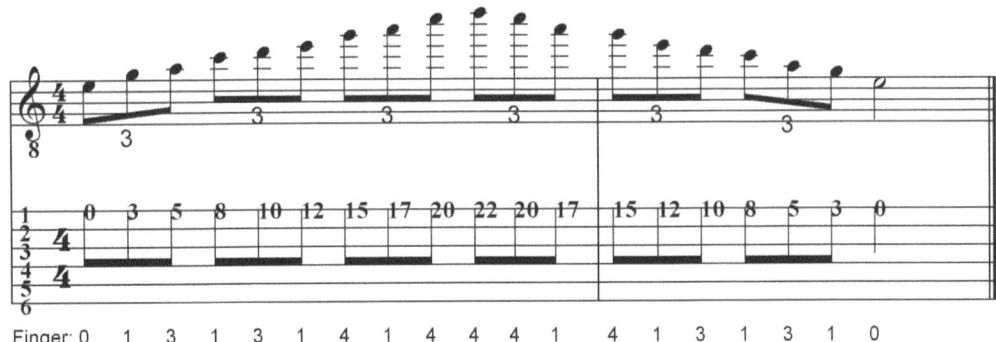

Übung 130

Dreier- Gruppen, horizontal auf der dünnen E-Saite.

Übung 131

Die bereits bekannten Vierer- Gruppen, diesmal auf der dünnen E-Saite.

Obwohl du deinen Fokus bestimmt darauf legst, alle vorgegebenen Töne mit der Greifhand richtig zu treffen, vergiss nicht auch auf die Anschlaghand zu achten. Kontrolliere, ob das Plektrum richtig zwischen den Fingern sitzt und ob deine Anschlagbewegungen nicht zu groß sind. Dein Unterarm sollte locker und entspannt sein und die Anschläge müssen sich leicht und natür-lich anfühlen.

Übung 132

Nun folgt die letzte Übung auf der dünnen E-Saite: Dreier- Schritte.

Übung 133

Horizontal auf *allen* Saiten: Up & down
Bitte beachte bei dieser Übung folgende Dinge:

Zuerst wird auf der dicken E- Saite aufwärts gespielt, dann auf der A-Saite, der D-Saite und so weiter. Wenn du auf der dünnen E-Saite den 22. Bund erreicht hast, wird diese Übung gespiegelt. Achte dabei bitte gut auf den Fingersatz – er ist aufwärts anders als abwärts!
Bei der Abwärtsbewegung kannst du folgendermaßen vorgehen: Wenn du auf der dünnen E-Saite abwärts gespielt hast, ist der letzte Ton mit der leeren Saite zu spielen. Während diese klingt greifst du auf der B- (H) Saite zum 22. Bund. Auf diese Weise ist der Übergang zwischen den einzelnen Saiten auch in den anderen Fällen zu lösen.

Finger: 0   1   3   1   3   1   4   1   4   4   0   1   3   1   4   1

E-Saite up   A- Saite up

4   1   2   4   0   1   4   1   4   1   3   1   3   4   0   1

A-Saite up   D-Saite up   G-Saite up

4   1   2   4   1   4   1   3   1   2   4   1   2   4   1   2

G-Saite up   H-Saite up

4   4   0   1   3   1   3   1   4   1   4   4   4   4   1   4

E-Saite up   E-Saite down

Fortsetzung auf der gegenüberliegenden Seite →

Das war die letzte technische Übung mit Single- Notes. Um deine Kenntnisse zu erweitern kannst du nun dazu übergehen, deine täglichen Übungen
(wie zum Beispiel Übung Nummer 108) auch in andere Tonarten zu trans-
ponieren.

Versuche dabei grundsätzlich immer <u>alle möglichen Umkehrungen</u> am Griffbrett zu spielen. Damit ist gemeint, dass du je nach Tonart nicht immer mit
der Grundstellung beginnst. Sieh dir vorher an, wie viele und welche Umkehrungen am Beginn des Gitarrenhalses noch möglich sind. Wie hier am
Beispiel von A-Moll / C-Dur zu sehen ist, sind vor der Grundstellung (die ja
erst am fünften Bund ansetzt) auch die vierte Umkehrung , beginnend am
dritten Bund sowie die dritte Umkehrung (mit Leersaiten) möglich.

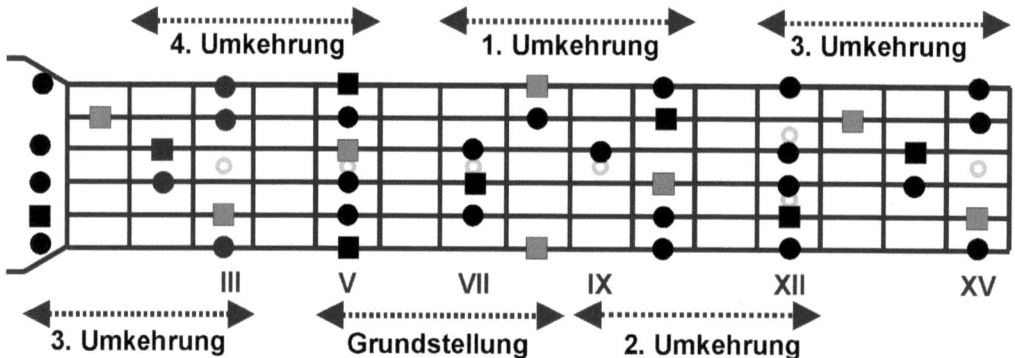

Die einzigen Tonarten, die mit der Grundstellung anzufangen sind, lauten:
E-Moll / G-Dur, F-Moll / Ab-Dur sowie F# Moll / A-Dur. Bei allen anderen Ton-
arten ist eine (oder mehrere) Umkehrung(en) vor der Grundstellung am
Griffbrett möglich!

Beispiel: Auf dieser Abbildung
siehst du die 4. Umkehrung
der A-Moll bzw. C-Dur Pentatonik in tiefer Lage. Wie du in
der obigen Grafik siehst, wäre
auch die 3. Umkehrung (in tiefer Lage mit Leersaiten) vor
der Grundstellung möglich.

KAPITEL 7

Akkorde

Akkorde

In diesem Kapitel geht es nicht um die herkömmlichen Griffe, die du bisher beim Gitarrenspiel kennengelernt hast. Diese haben zum Großteil ihre Wurzeln in Dur- bzw. Molltonleitern. Vielmehr geht es um Akkordformen, die du von der pentatonischen Tonleiter ableiten kannst. Diese klingen auf Grund ihres pentatonischen Ursprungs teilweise ungewöhnlich, aber auch sehr interessant.

Pentatonische Akkorde klingen großartig als Background zu einem pentatonisch angelegten Solo. Sie können aber auch als Substitut für eintönige statische Akkord Passagen verwendet werden. Statt als Hintergrund für ein lang angelegtes Solo zum Beispiel nur einen A-Moll Akkord zu spielen hast du mit den pentatonischen Akkorden die Möglichkeit, viele zusätzliche Klänge und Klangfarben einzubringen).
Das Finden und Zusammensetzen dieser Akkorde ist außerdem sehr einfach. Mit etwas Übung kannst du diese sogar „on the fly" während des Spielens lokalisieren und einsetzen.
Eine weitere Möglichkeit die Akkorde einzusetzen ist, diese Akkorde als Arpeggios (Akkordzerlegungen) zu spielen. So kannst du diese Akkorde auch in das Solospiel integrieren. Die Arpeggios eigenen sich auch ideal zum nahtlosen Verbinden der einzelnen Umkehrungen.

Was ist ein Akkord?

Ein Akkord ist in der Musik das gleichzeitige Erklingen unterschiedlicher Töne, die sich harmonisch deuten lassen. Normalerweise bezeichnet man mindestens drei unterschiedliche Töne als Akkord. Diese können nach einer bestimmten Struktur (zum Beispiel Terzschichtungen) aufgebaut sein. Es sind aber auch nicht in Terzen geschichtete Akkorde möglich.

Da die E-Gitarre fast immer mit einem Plektrum gespielt wird ist es naheliegend, diese Töne so zu setzen, dass sie auf drei benachbarten Saiten liegen. Das bietet den Vorteil, dass du diese Akkorde anschlagen kannst, ohne zwischen den einzelnen Akkordtönen Saiten abdämpfen zu müssen. Beim Zusammenbauen der folgende Akkorde wurde auf diesen Umstand Rücksicht genommen.

Entstehung und Aufbau der pentatonischen Akkorde

Eines der Ziele der pentatonischen Akkorden ist es, klangliche Alternativen zu den „herkömmlichen" Griffen zu schaffen um interessante klangliche Färbungen zu ermöglichen.

Es ist von großen Vorteil, diese Akkorde nach bereits bekannten Gesichtspunkten zusammenzustellen und dabei eine möglichst einfache Spielbarkeit zu gewährleisten.

Aus diesem Denkansatz heraus sind die nachfolgenden Akkorde entstanden. Da mit diesem Konzept eine sehr große Anzahl an Akkorden möglich ist, war es der Übersicht halber notwendig, die Akkorde in zwei Gruppen zu teilen.

Die erste und wichtige Gruppe sind die „Main-Akkorde" (Hauptakkorde). Eine zweite Gruppe der Akkorde findest du dann im sogenannten „Akkord-Pool". Diesen kannst du zum Nachschlagen verwenden.

Gruppe 1: Die Main-Akkorde auf der G, H und hohen E-Saite

Als Ausgangsbasis für den ersten Akkord wird die Grundstellung der Pentatonik verwendet. Dieser Akkord soll aus drei Tönen bestehen und aus Gründen der leichten Spielbarkeit auf drei benachbarten Saiten gebildet werden. Dazu werden die G, B- (H) und die dünne E-Saite ausgewählt.

Spiele als ersten Schritt die Grundstellung von der dicken E- Saite aus aufwärts (wie in Übung 1) und stoppe, sobald du mit dem ersten Finger auf der G-Saite angelangt bist. Dieser Ton (es ist die Note „c") ist der erste Ton des Akkords.

Schritt 2: Spiele nun die Aufwärts- Linie von diesem Ton aus weiter und halte wieder an, sobald du mit dem ersten Finger auf die B- (H) Saite gelangst. Dies wird der zweite Ton des Akkords.

Auch der dritte Ton wird nach dem selben Prinzip ausgewählt: spiele die Aufwärts- Bewegung vom zweiten Akkordton aus weiter. Sobald du die dünne E-Saite erreichst, hast du den dritten Ton gefunden (nochmals mit dem ersten Finger).

Wenn dir das jetzt zu theoretisch geklungen hat, schau dir die Grafiken auf der nächsten Seite an.

Aus diesen drei Tönen setzt sich der erste Akkord zusammen:

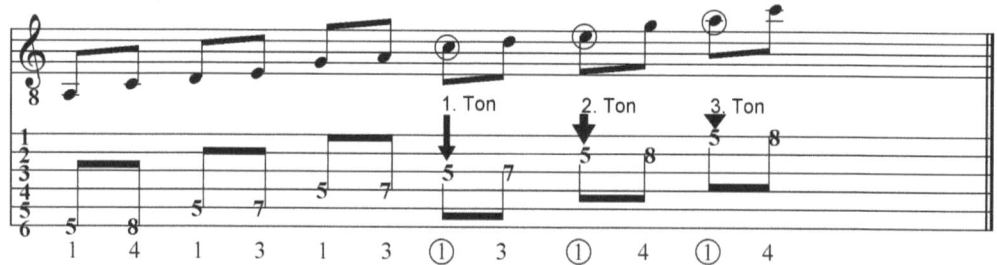

Auf dem folgenden Griffdiagramm kannst du die drei Noten des ersten Akkords auch gut sehen. Sie liegen alle am fünften Bund. Du kannst diesen Griff mit einem kleinen Barré über drei Saiten greifen.

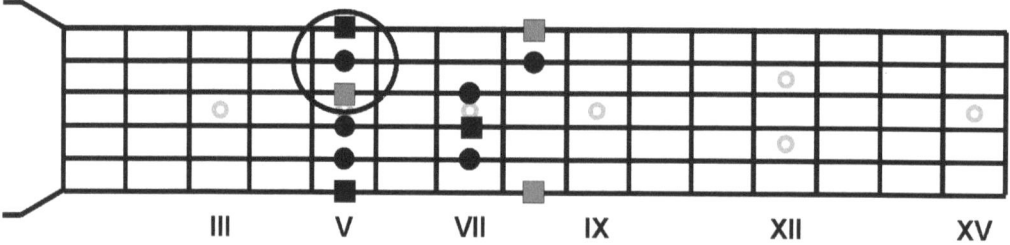

Schlage nun die drei markierten Noten **zusammen** an (sonst wäre es ja kein Akkord).

Der zweite Main Akkord wird nach dem selben Prinzip aus den Tönen der ersten Umkehrung aufgebaut:
Greife diesen Akkord am besten mit einem Barre mit dem zweiten Finger.

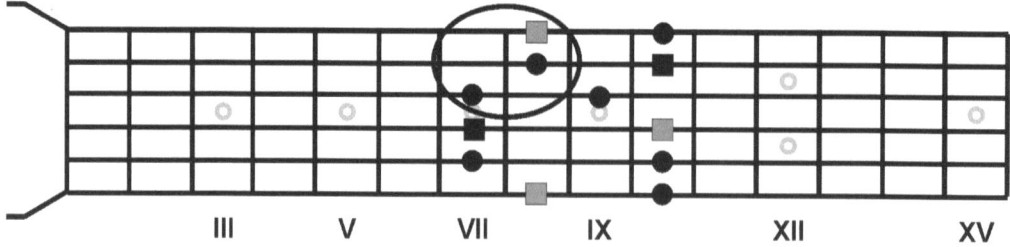

Schlage den Grundton (A als leere Saite) an und lass ihn klingen. Höre dir abwechselnd den ersten Akkord und den zweiten Akkord dazu an.

Es folgt nun der dritte Akkord. Als Ausgangsbasis dient hier die zweite Umkehrung:

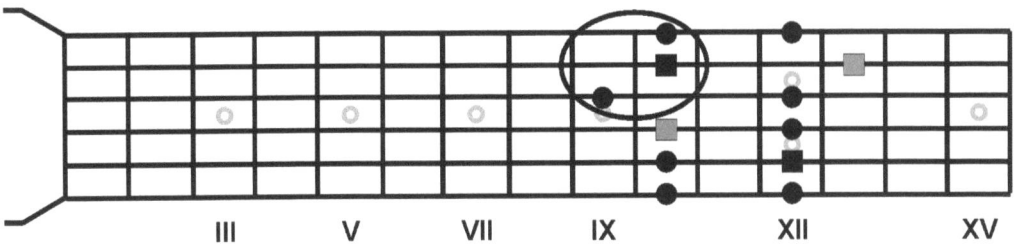

Dieser Akkord ist gleich wie der Vorangegangene zu greifen. Er liegt allerdings um zwei Bünde höher.

Hier siehst du den vierten Akkord. Er wird aus den Punkten der dritten Umkehrung zusammengestellt und hat die gleiche Form wie ein D- Dur Griff:

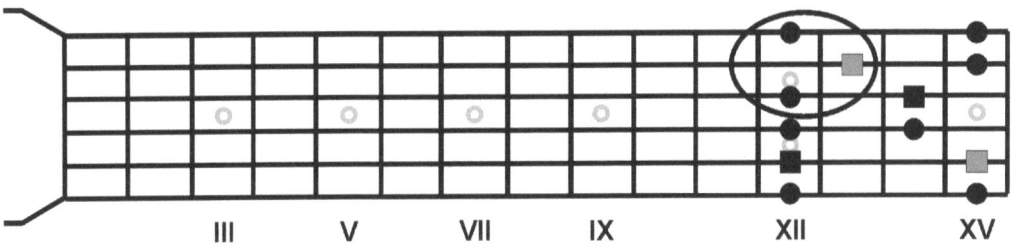

Da es insgesamt fünf verschiedene Positionen gibt, entsteht der nächste und zugleich letzte Main-Akkord aus den Tönen der vierten Umkehrung:

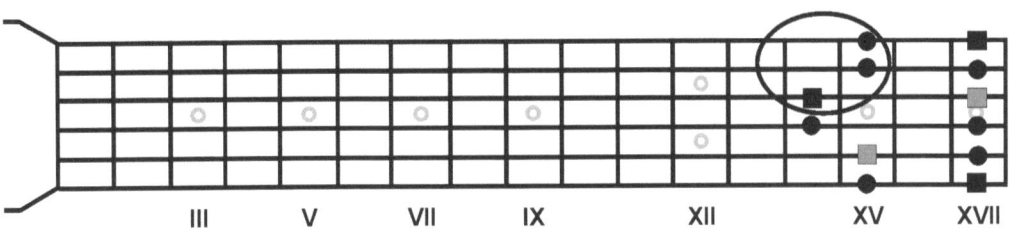

Er sieht gleich wie der zweite und der dritte Akkord aus.

Der nächste Akkord in einer noch höheren Lage entspricht dann wieder dem ersten Akkord, er ist aber um eine Oktave höher (am 17. Bund) u.s.w.

So sehen die pentatonischen Main-Akkorde auf der G-, B- (H) und der dünnen E-Saite in Noten und Tabulatur aus:

Übung 134

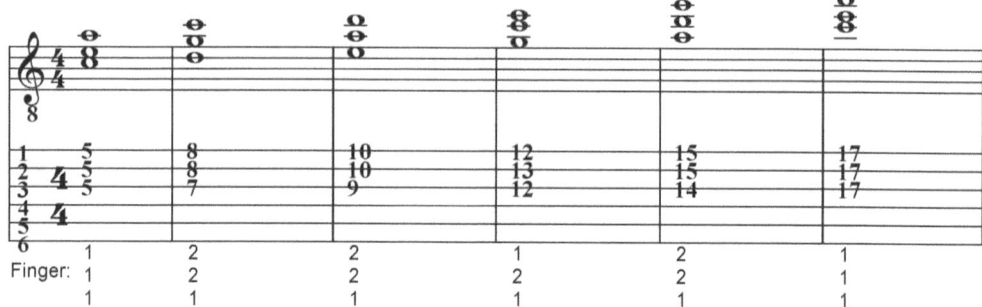

Schlage auch bei dieser Übung den Grundton (z.B.: A als leere Saite) an, lass ihn klingen und höre dir diese Akkorde über den Referenzton an!

Übung 135

Die Akkorde von Übung 134 tauchen hier als Arpeggios (Akkord-zerlegungen) auf. Diese Vorgehensweise kannst du dazu verwenden, um dich horizontal über das Griffbrett zu bewegen. Das stellt eine hervorragende Möglichkeit dar, zwischen den einzelnen pentatonischen Positionen nahtlos zu wechseln.

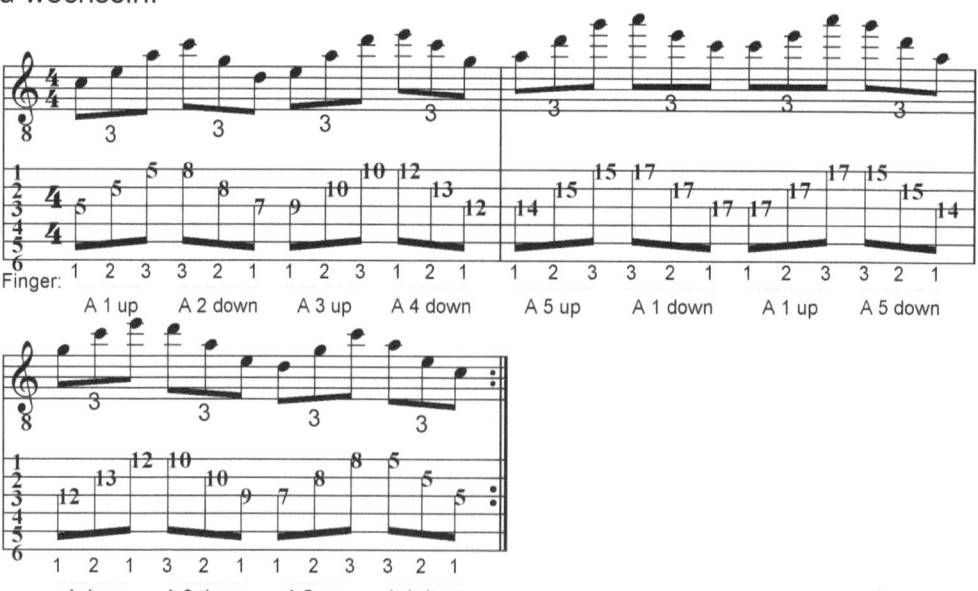

Gruppe 1: Die Main-Akkorde auf der D-, G- und B- (H) Saite

Der erste Akkord setzt sich wieder aus den ersten Tönen auf den drei verwendeten Saiten der *Grundstellung* zusammen.

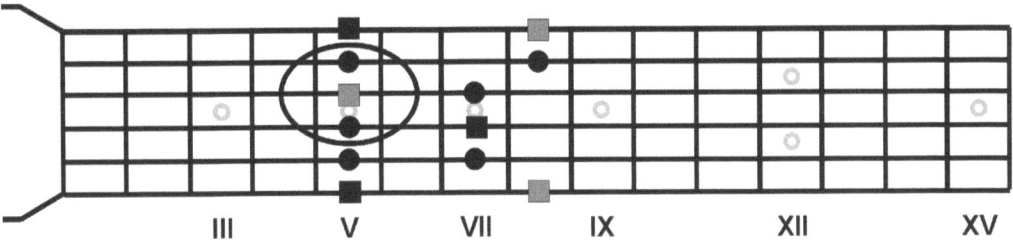

Hier das dazugehörige Noten- bzw. Tabulaturbild:

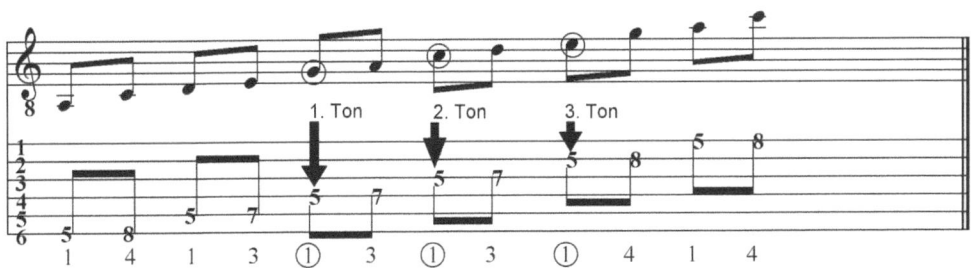

Akkord Nummer zwei auf der D-, G- und B- (H) Saite hat seinen Ursprung
in der *ersten Umkehrung*. Er sieht so aus:

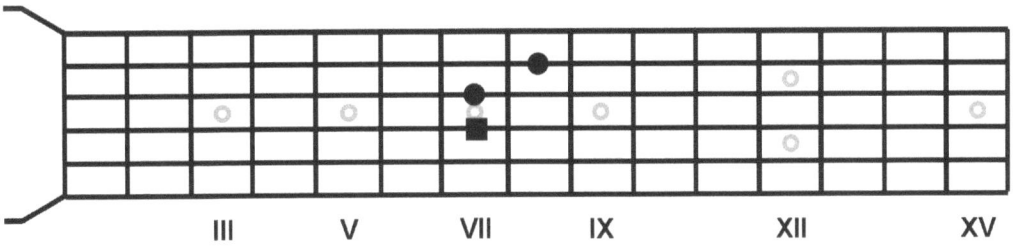

Damit du die Akkorde besser sehen kannst, wird ab nun generell darauf ver-
zichtet, die dazupassende pentatonische Position einzuzeichnen.

Der dritte Akkord stammt aus der *zweiten Umkehrung*:

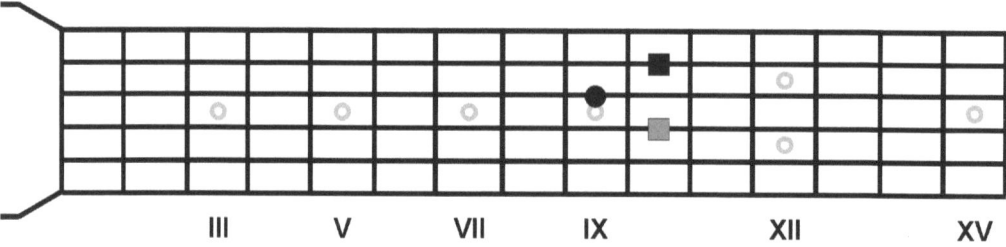

Es hilft dir vielleicht wenn du an den Griff „D7" denkst, um diesen Akkord schnell greifen zu können.

Akkord Nummer vier deckt die „Innenpunkte" der *dritten Umkehrung* ab:

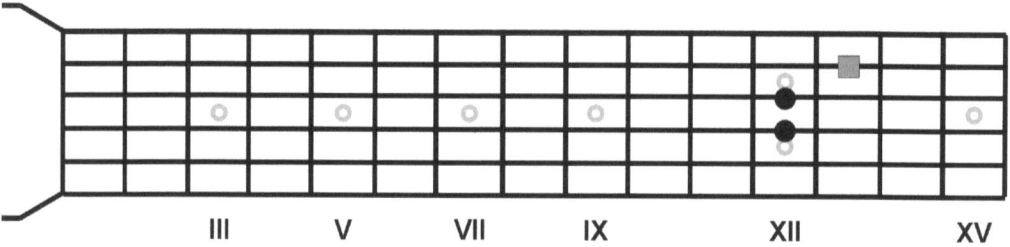

Mit diesem Griff aus der *vierten Umkehrung* sind die Main-Akkorde auf der D-, G- und B- (H) Saite komplett:

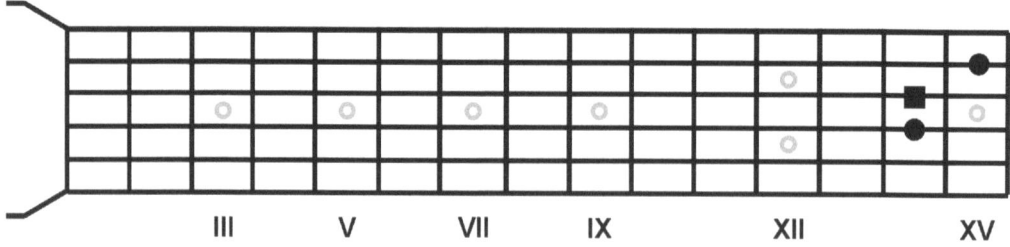

Dieser Griff ist gleich zu greifen wie die Akkorde 2 und 4. Die Reihe der Main-Akkorde auf der D-, G- und B- (H) Saite besteht aus nur drei verschiedenen Grifftypen.

Übung 136

Die pentatonische Main-Akkorde auf der D-, G- und der B- (H) Saite in Tabulatur und Noten:

Grundstellung	1. Umkehrung	2. Umkehrung	3. Umkehrung	4. Umkehrung	Grundstellung

Finger:
1	2	3	2	2	1
1	1	1	1	1	1
1	1	2	1	1	1

Schlag wieder den Grundton (z.B.: A als leere Saite) an, lass ihn klingen und höre dir diese Akkorde über diesen Referenzton an.

Übung 137

Die Akkorde als Zerlegungen. Diese Übung verwendet einen anderen Fingersatz als Übung 136. Vielleicht ist dir das auch schon bei den Übungen 134 und 135 aufgefallen. Das hat den Grund, dass manche Akkorde als Griffe mit nur einem Finger sehr leicht zu greifen ist. Beim Solieren hingegen ist es besser, dazu mehrere Finger einzusetzen. Dadurch verschwimmen einzelne Töne nicht ineinander sondern können klar und akzentuiert gespielt werden.

Gruppe 1: Die Main-Akkorde auf der A-, D- und der G- Saite

Aus der Grundstellung:

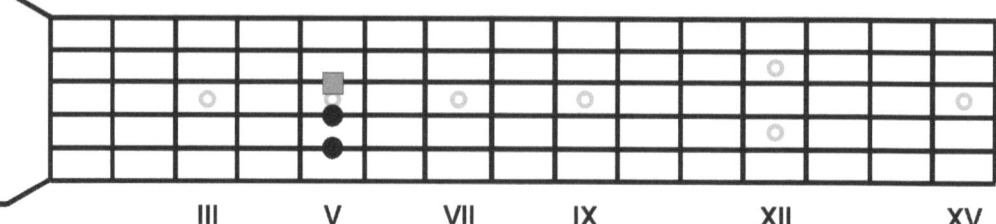

Aus der ersten Umkehrung:

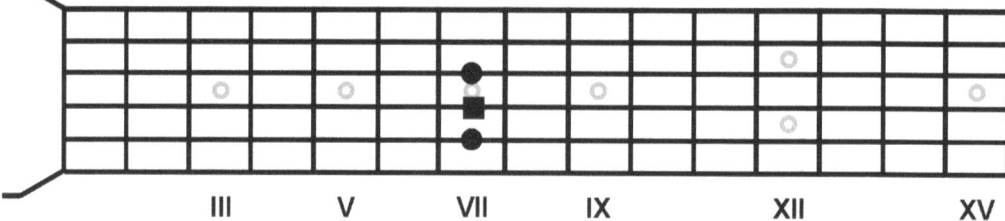

Aus der zweiten Umkehrung:

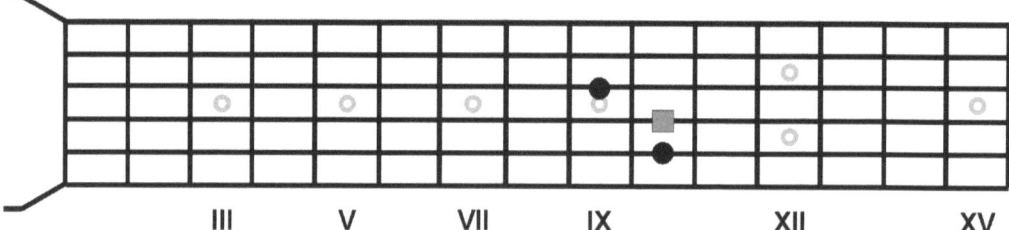

Aus der dritten Umkehrung:

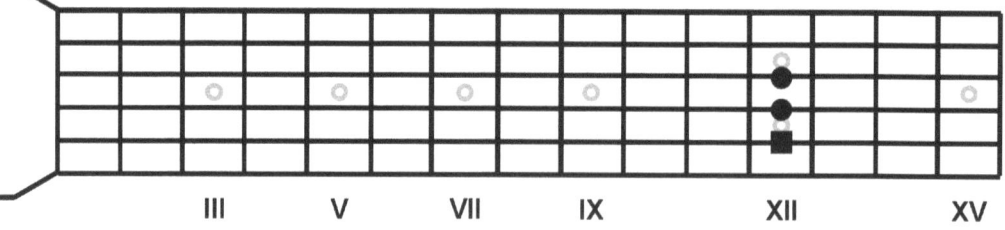

Aus der vierten Umkehrung:

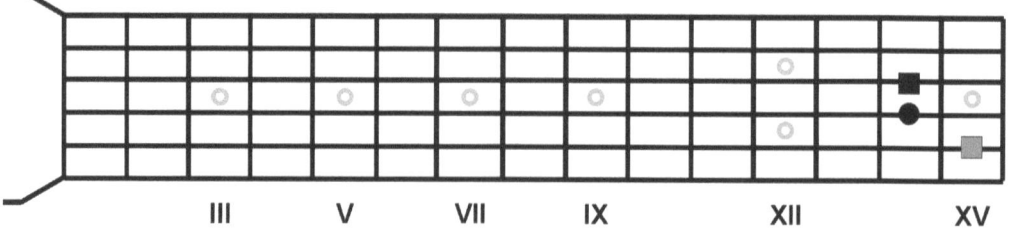

Akkorde in so tiefen Lagen sind in der Praxis auf Grund des undifferenzierten Klangbildes als Griffe nicht so gut einsetzbar. Als Arpeggios sind sie jedoch eine sehr gute Ausgangsbasis, um interessante Riffs zu entwerfen.

Übung 138

Pentatonische Main-Akkorde auf der A-, D- und der G-Saite

Übung 139

Das ist ein Beispiel dafür, wie du diese Griffe als Arpeggios in einem Riff einsetzen kannst.

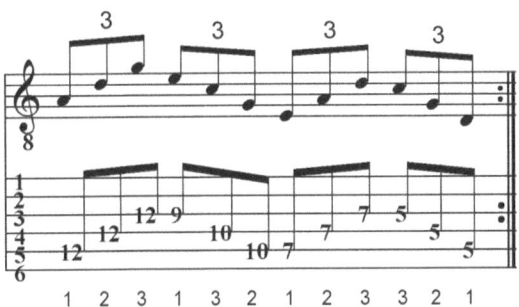

Gruppe 1: Die Main-Akkorde auf der tiefen E, der A- und der D- Saite

Aus der Grundstellung:

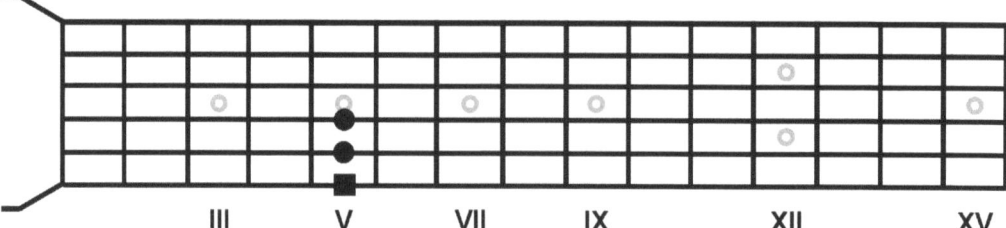

Aus der ersten Umkehrung:

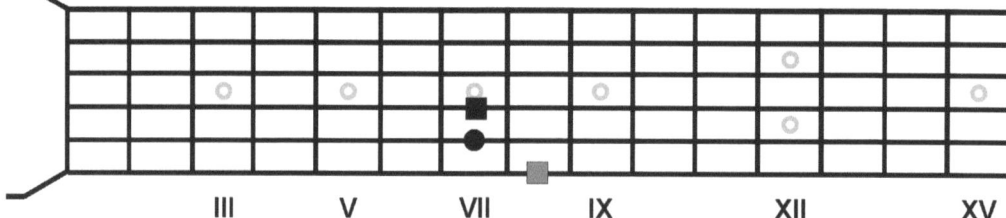

Aus der zweiten Umkehrung:

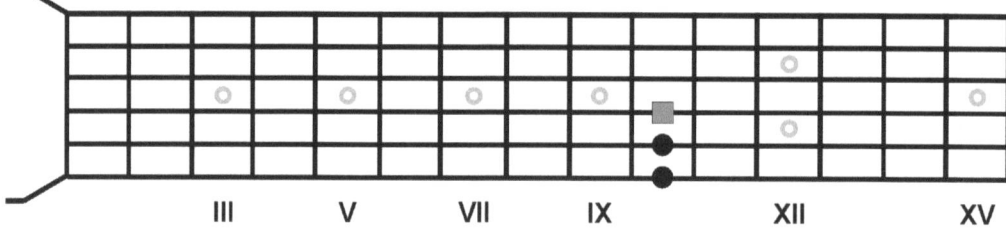

Aus der dritten Umkehrung:

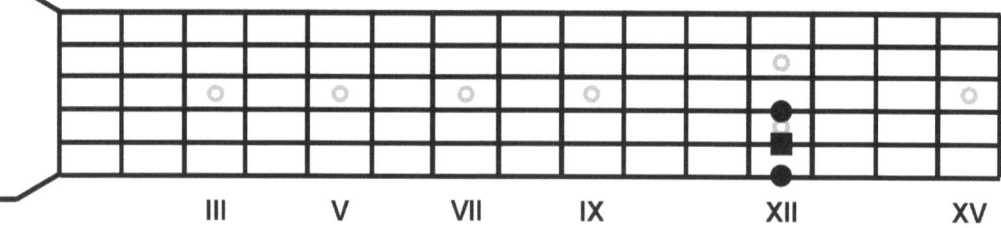

Aus der vierten Umkehrung:

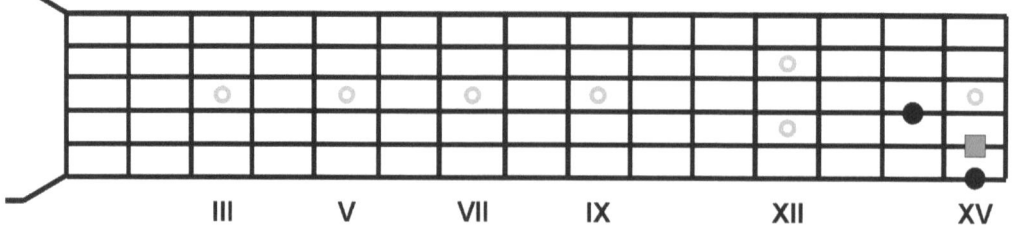

Übung 140

Pentatonische Main-Akkorde auf der tiefen E, der A- und der D- Saite.

Auch diese Akkorde sind auf Grund ihrer tiefen Lage hauptsächlich für Arpeggios und Riffs verwendbar.

Übung 141

Wieder ein Beispiel aus der Riff- Werkstatt. Achte auch hier wieder auf die differenten Fingersätze zu Übung 140.

Gruppe 2: Akkord-Pool

Hier findest du sämtliche Akkorde, die zwischen den einzelnen pentatonischen Positionen grifftechnisch unter Voraussetzung einer normalen Fingerlänge möglich sind.

Verwende diesen Akkord-Pool zum Nachsehen, wenn du einmal auf der Suche nach interessanten Akkorden bist. Im Laufe der Zeit werden sich aus diesem Pool einige Favoriten herauskristallisieren, die du immer wieder gerne verwenden wirst.

Die Anzahl an Akkorden wird natürlich noch um ein Vielfaches größer, wenn du die Akkorde aus anstatt drei Noten aus vier oder noch mehr Noten (= Saiten) zusammensetzt. Werden dabei nicht nur die daraus resultierenden Main-Akkorde sondern auch alle Verbindungsakkorde berücksichtigt, so wird dieses Konzept zu einer sehr großen Quelle an Ideen und Klangbildern. Außerdem ist es natürlich auch zusätzlich noch möglich, mit Überstreckungen (z.B.: Verbindung Grundstellung mit zweiter Umkehrung) noch weitere Akkorde zu finden und somit die Anzahl an Möglichkeiten zu vergrößern.

Um die Akkorde trotz ihrer hohen Anzahl in eine übersichtliche Form zu bringen, ist der Pool nach zwei verschiedenen Richtlinien angelegt:
Saitengruppe und die **pentatonische Position**.

Um dir beim Nachschlagen zum Probieren einzelner Akkorde lästiges blättern zu ersparen, sind die Main-Akkorde der einzelnen Positionen, die ja als Ausgangs- sowie als Zielpositionen dienen, noch einmal mitnotiert.

Die nachfolgenden Akkorde ergeben sich, indem du zum Beispiel alle Punkte der Grundstellung und der ersten Umkehrung in jeder möglichen Form kombinierst. Manchmal sind grifftechnisch nicht unbedingt angenehm zu spielen, doch klingen zumeist gerade solche exotisch zu greifenden Akkorde außergewöhnlich, da diese naturgemäß nicht so häufig verwendet werden.

Falls du in einer Band mit zwei oder mehreren Gitarristen spielst, könnt ihr damit experimentieren, verschiedene Akkorde übereinander zu legen. Da all diese Akkorde die selbe Quelle, nämlich die pentatonische Tonleiter verwenden, ergibt sich in jedem Fall ein harmonisch ansprechendes Ergebnis.

Verbindungsakkorde auf der G-, B-(H) und der dünnen E- Saite
Pool 1: Grundstellung – 1. Umkehrung

	Main	1. Variation	2. Variation	3. Variation	4. Variation	5. Variation	6. Variation	Main
1	5	5	5	5	8	8	8	8
2	5	5	8	8	5	5	8	8
3	5	7	5	7	5	7	5	7

Grundstellung   1. Umkehrung

Pool 2: 1.Umkehrung – 2. Umkehrung

	Main	1. Variation	2. Variation	3. Variation	4. Variation	5. Variation	6. Variation	Main
1	8	8	8	8	10	10	10	10
2	8	8	10	10	8	8	10	10
3	7	9	7	9	7	9	7	9

1. Umkehrung   2. Umkehrung

Pool 3: 2.Umkehrung – 3. Umkehrung

	Main	1. Variation	2. Variation	3. Variation	4. Variation	5. Variation	6. Variation	Main
1	10	10	10	10	12	12	12	12
2	10	10	13	13	10	10	13	13
3	9	12	9	12	9	12	9	12

2. Umkehrung   3. Umkehrung

Pool 4: 3.Umkehrung – 4. Umkehrung

	Main	1. Variation	2. Variation	3. Variation	4. Variation	5. Variation	6. Variation	Main
1	12	12	12	12	15	15	15	15
2	13	13	15	15	13	13	15	15
3	12	14	12	14	12	14	12	14

3. Umkehrung   4. Umkehrung

Pool 5: 4. Umkehrung - Grundstellung

Main	1. Variation	2. Variation	3. Variation	4. Variation	5. Variation	6. Variation	Main
15 15 14	15 15 17	15 17 14	15 17 17	17 15 14	17 15 17	17 17 14	17 17 17

4. Umkehrung   Grundstellung

Verbindungsakkorde auf der D-, G- und B- (H) Saite:

Pool 6: Grundstellung – 1. Umkehrung

Main	1. Variation	2. Variation	3. Variation	4. Variation	5. Variation	6. Variation	Main
5 5 5	5 5 7	5 7 5	5 7 7	8 5 5	8 5 7	8 7 5	8 7 7

Grundstellung   1. Umkehrung

Pool 7: 1.Umkehrung – 2. Umkehrung

Main	1. Variation	2. Variation	3. Variation	4. Variation	5. Variation	6. Variation	Main
8 7 7	8 7 10	8 9 7	8 9 10	10 9 7	10 7 10	10 9 7	10 9 10

1. Umkehrung   2. Umkehrung

Pool 8: 2.Umkehrung – 3. Umkehrung

Main	1. Variation	2. Variation	3. Variation	4. Variation	5. Variation	6. Variation	Main
10 9 10	10 9 12	10 12 10	10 12 12	13 9 10	13 9 12	13 12 10	13 12 12

2. Umkehrung   3. Umkehrung

Pool 9: 3.Umkehrung – 4. Umkehrung

	Main	1. Variation	2. Variation	3. Variation	4. Variation	5. Variation	6. Variation	Main
	13	13	13	13	15	15	15	15
	12	12	14	14	12	12	14	14
	12	14	12	14	12	14	12	14

3. Umkehrung   4. Umkehrung

Pool 10: 4.Umkehrung – Grundstellung

	Main	1. Variation	2. Variation	3. Variation	4. Variation	5. Variation	6. Variation	Main
	15	15	15	15	17	17	17	17
	14	14	17	17	14	14	17	17
	14	17	14	17	14	17	14	17

4. Umkehrung   Grundstellung

Verbindungsakkorde auf der A, D- und G-Saite:

Pool 11: Grundstellung – 1. Umkehrung

	Main	1. Variation	2. Variation	3. Variation	4. Variation	5. Variation	6. Variation	Main
	5	5	5	5	7	7	7	7
	5	5	7	7	5	5	7	7
	5	7	5	7	5	7	5	7

Grundstellung   1. Umkehrung

Pool 12: 1.Umkehrung – 2. Umkehrung

	Main	1. Variation	2. Variation	3. Variation	4. Variation	5. Variation	6. Variation	Main
	7	7	7	7	9	9	9	9
	7	7	10	10	7	7	10	10
	7	10	7	10	7	10	7	10

1. Umkehrung   2. Umkehrung

Pool 13: 2. Umkehrung – 3. Umkehrung

Main	1. Variation	2. Variation	3. Variation	4. Variation	5. Variation	6. Variation	Main

2. Umkehrung   3. Umkehrung

Pool 14: 3. Umkehrung – 4. Umkehrung

Main	1. Variation	2. Variation	3. Variation	4. Variation	5. Variation	6. Variation	Main

3. Umkehrung   4. Umkehrung

Pool 15: 4. Umkehrung – Grundstellung

Main	1. Variation	2. Variation	3. Variation	4. Variation	5. Variation	6. Variation	Main

4. Umkehrung   Grundstellung

Verbindungsakkorde auf der tiefen E-, A- und der D- Saite:

Pool 16: Grundstellung – 1. Umkehrung

Main	1. Variation	2. Variation	3. Variation	4. Variation	5. Variation	6. Variation	Main

Grundstellung   1. Umkehrung

Pool 17: 1. Umkehrung – 2. Umkehrung

	Main	1. Variation	2. Variation	3. Variation	4. Variation	5. Variation	6. Variation	Main
(Saite 4)	7	7	7	7	10	10	10	10
(Saite 5)	7	7	10	10	7	7	10	10
(Saite 6)	8	10	8	10	8	10	8	10

1. Umkehrung   2. Umkehrung

Pool 18: 2. Umkehrung – 3. Umkehrung

	Main	1. Variation	2. Variation	3. Variation	4. Variation	5. Variation	6. Variation	Main
(Saite 4)	10	10	10	10	12	12	12	12
(Saite 5)	10	10	12	12	10	10	12	12
(Saite 6)	10	12	10	12	10	12	10	12

2. Umkehrung   3. Umkehrung

Pool 19: 3. Umkehrung – 4. Umkehrung

	Main	1. Variation	2. Variation	3. Variation	4. Variation	5. Variation	6. Variation	Main
(Saite 4)	12	12	12	12	14	14	14	14
(Saite 5)	12	12	15	15	12	12	15	15
(Saite 6)	12	15	12	15	12	15	12	15

3. Umkehrung   4. Umkehrung

Pool 20: 4. Umkehrung – Grundstellung

	Main	1. Variation	2. Variation	3. Variation	4. Variation	5. Variation	6. Variation	Main
(Saite 4)	14	14	14	14	17	17	17	17
(Saite 5)	15	15	17	17	15	15	17	17
(Saite 6)	15	17	15	17	15	17	15	17

4. Umkehrung   Grundstellung

Damit die Arbeit mit der Pentatonik für dich nicht nur aus technischen Übungen besteht sondern auch richtig Spaß macht, folgt an dieser Stelle noch einmal der Hinweis auf den Begleitband „Perfect Guitar - The Pentatonic Practice Book". Dieser ist speziell auf die Arbeit mit dem vorliegenden Buch abgestimmt und ist in allen großen Online Stores sowie im gut sortierten Fachhandel erhältlich bzw. bestellbar. Du kannst mit den beiden Büchern parallel arbeiten.

In diesem Begleitband findest du zu jedem Kapitel nach Schwierigkeitsgrad sortierte Licks und Beispiele. Zu jedem Kapitel gibt es auch einen Übungssong. Die Beispiele und Playbacks für die Songs kannst du auch im Mp3 Format downloaden.

Um dich musikalisch weiter zu entwickeln ist es auch sehr wichtig, kreativ zu sein und eigene Licks zu erfinden. Niemand kennt deine persönlichen Vorlieben für grifftechnische Abläufe so gut wie du selbst. Aus diesen Präferenzen kannst du deine persönlichen Licks auf deine bevorzugten Spielgewohnheiten anpassen. Auch ein bestimmtes klangbild in deiner Vorstellung kann darüber entscheiden, wie und aus welchen Noten du musikalische Linien zusammensetzt. Arbeite mit verschiedenen rhythmischen Mustern und sei dabei experimentierfreudig. Sieh die Pentatonik nicht nur als Tonleiter sondern auch als Quelle der Inspiration und mache mit diesem Material richtig Musik.

Auch wenn du vielleicht noch nicht so vertraut damit bist: Schreibe deine eigenen Licks auf. Dabei ist es unwichtig, ob du sie händisch notierst oder ein Notensatzprogramm verwendest. Auseinandersetzung mit geschriebener Musik (und dazu gehört auch das Schreiben von Noten) ist wichtig, um mit anderen Musikern kommunizieren zu können. Damit du Kontrolle über die Richtigkeit deiner Notizen hast, tausche diese mit einem befreundeten Gitarristen oder deinem Gitarrenlehrer aus.

Die Töne in der Musik sind wie die Grundfarben eines Malers. Dieser kann mit den immer gleichen Farben entweder ein Landschaftsbild, ein Stilleben oder ein abstraktes Gemälde herstellen. Genau so ist es mit den Tönen der Pentatonik. Sie eignet sich für sämtliche Musikstile und es liegt in deiner Hand, damit etwas zu schaffen, das deinen Vorlieben entspricht.

KAPITEL 8

Das C A G E D System

Das C A G E D System und die Pentatonik

Vielleicht hast du bereits von dem „C A G E D" System gehört. Es basiert auf der Erkenntnis, dass es bekannterweise sehr viele Akkorde am Griffbrett gibt, diese jedoch immer von nur fünf Hauptakkordformen abgeleitet werden. Diese Akkordformen entsprechen den Akkorden C, A, G, E und D, daher der Name des Systems. Um das C A G E D System nutzen zu können es wichtig, dass du den Unterschied zwischen einem Akkord und einer Akkordform verstehst.

• Ein Akkord wird durch die Noten definiert, aus denen er besteht (ein C- Dur Akkord besteht beispielsweise aus den Noten C, E, und G).
Er kann auf der Gitarre, einem Klavier oder jedem anderen polyphonen Instrument gespielt werden.

• Eine Akkordform dagegen ist nur eine Konfiguration deiner Finger auf dem Griffbrett.

Mit einer Dur-Akkordform kannst du jeden Dur-Akkord spielen, indem du die Form einfach nach oben oder nach unten am Griffbrett verschiebst. Der Unterschied zwischen einem Akkord und einer Akkordform ist also wichtig, wenn du den Akkord weiter bewegen möchtest. In offener Position wird ein E- Akkord mit der E- Form gespielt, ein C- Akkord mit einer C- Form und so weiter. Wenn du aber zum Beispiel ein Barré hinter einer E- Form platzierst und an den achten Bund setzt, besteht ein Unterschied zwischen der Form (die noch immer wie ein E aussieht) und dem eigentlichen Akkord den du jetzt am achten Bund spielst. Dieser ist nun nämlich ein C-Dur Akkord.

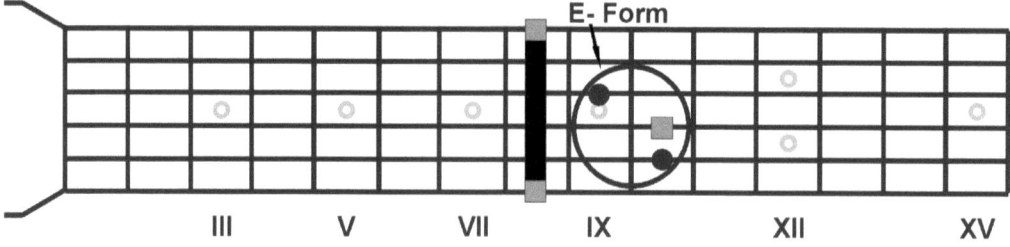

Es ist auf der Gitarre üblich, Akkorde in der E- und der A-Form am Griffbrett zu verschieben. Sehr selten wird das jedoch mit den C-, G- und D-Formen gemacht. Das hat wohl den einfachen Grund, dass diese Akkordformen unter zu Hilfenahme eines Barrés nicht sehr angenehm zu greifen sind. Deshalb ist es wichtig dass du verstehst, dass das CAGED- System nichts damit zu tun hat, die Griffe mit allen fünf Formen als Barrégriffe *spielen* zu können. Es nur wichtig, dass du die Formen auf dem Griffbrett *sehen* und *verstehen* kannst. Der Verstand hat nämlich keine körperlichen Einschränkungen. Du solltest also in der Lage sein, Dinge zu visualisieren, die deine Hände möglicherweise nicht greifen können.

Hier siehst du nun die fünf Akkordformen. Der Grundton ist mit einem grauen Viereck gekennzeichnet:

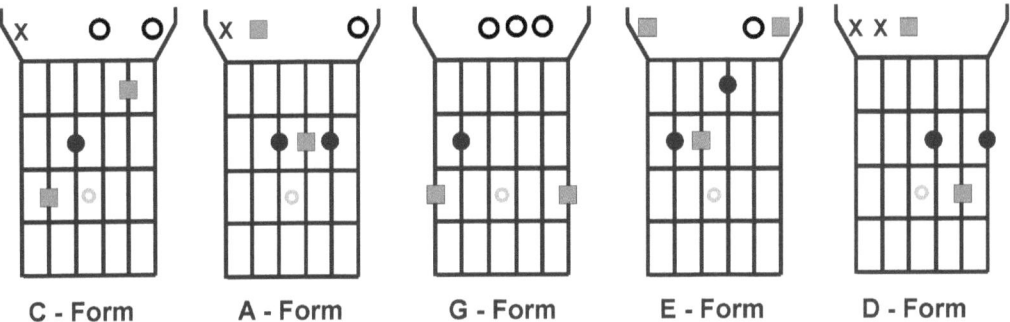

Wenn du nun beginnst, die C- Akkordform zu verschieben, erhältst du folgende Ergebnisse:

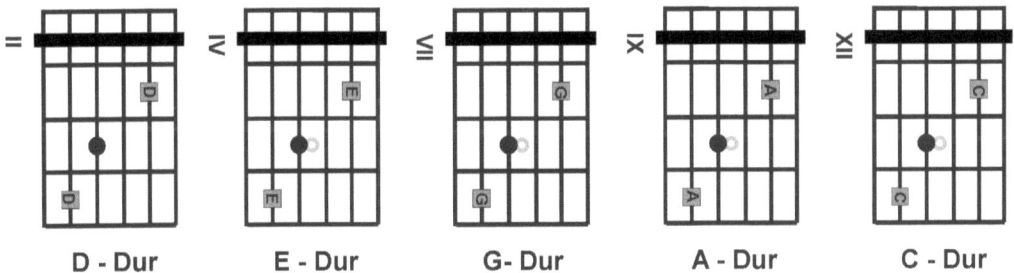

Nun erkennst du etwas sehr Essentielles: du bist in der Lage, jeden Dur-Akkord mit dieser Akkordform zu spielen.
Das funktioniert selbstverständlich auch mit den vier anderen Akkordformen.
Wichtig ist, dass du bei den Akkordformen immer genau weißt, **wo der Grundton** liegt. Dieser gibt den Akkord den Namen.
Daher ist es auch unerlässlich, die Namen aller Töne am Griffbrett zu lernen.

Die C A G E D - Sequenz

Nun weißt du, dass jede der fünf Hauptakkordformen einen Durakkord ergibt, indem du die Form auf dem Griffbrett nach oben oder unten bewegst.

Hier ist eine weitere Erkenntnis: Jeder Dur-Akkord kann auf fünf mögliche Arten gespielt werden, wobei jede der fünf Akkordformen verwendet wird.

Das Wort „CAGED" sagt nicht nur welche Akkordform verwendet wird, um dies zu erreichen. Es sagt dir auch die Reihenfolge in der sie auftreten, wenn du dich am Griffbrett aufwärts bewegst.

Schau dir dazu die folgende Grafik an:

Du siehst hier die fünf möglichen Formen des C- Dur Akkords am Griffbrett.

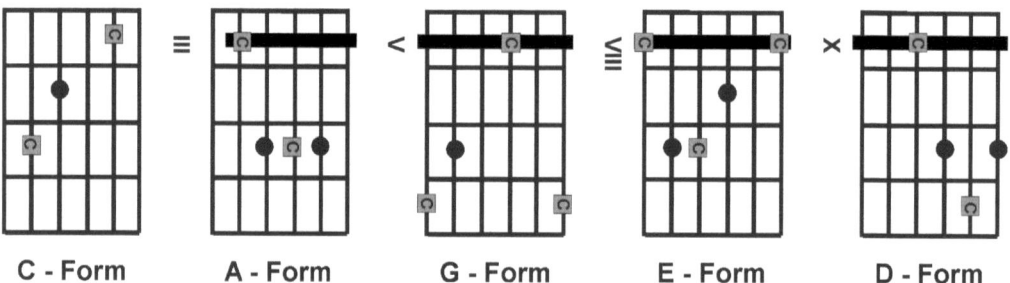

| C - Form | A - Form | G - Form | E - Form | D - Form |

Es gibt also fünf Möglichkeiten, diesen Akkord zu spielen:

Am Beginn steht der gewöhnliche C- Dur Griff in offener Position. Wenn du deine Finger nun am Griffbrett aufwärts bewegst, ist der nächste C-Akkord, den du spielen kannst, mit der A-Form (mit Barré am dritten Bund) zu lösen. Dann folgt mit Barré am fünften Bund die G- Akkordform und so weiter. Beachte die Reihenfolge der Formen:

C - A - G - E - D

So wie diese nun auf dem Griffbrett aufeinanderfolgen gibt es keine Lücken zwischen den fünf Akkordformen und du kannst in jeder Region des Griffbrettes den C- Dur Akkord spielen.

Die C A G E D Akkord - Verzahnung

Die fünf Akkordformen greifen ineinander und teilen sich an den Schnittpunkten sogar den Grundton. An Hand der folgenden Grafik kannst du nun die Positionen sehen:

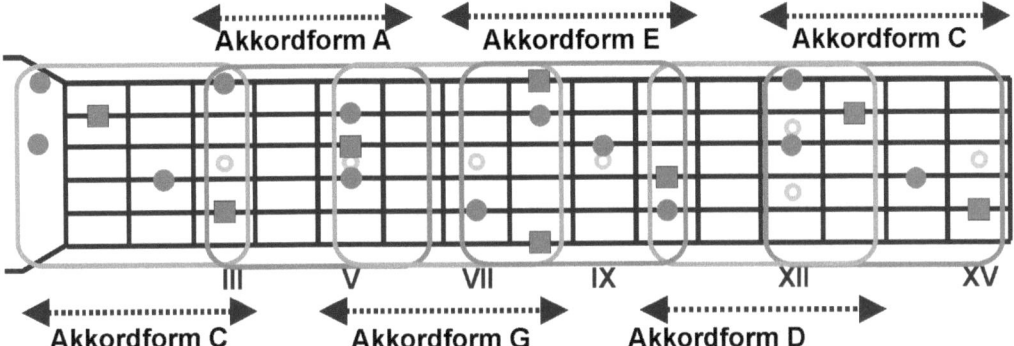

Auf Grund dieser Überlappungen decken die fünf Akkordformen alle Bereiche des Griffbrettes ab. So kannst du zum Beispiel den C- Dur Akkord an fünf Stellen des Griffbrettes ansetzen und das gesamte Griffbrett damit abdecken:
in der **C**- Akkordform: in offener Position
In der **A**- Akkordform: am dritten Bund
In der **G**- Akkordform: am fünften Bund
In der **E**- Akkordform: am achten Bund
In der **D**- Akkordform: am zehnten Bund
Wieder in der C- Akkordform: am zwölften Bund usw.

Betrachte die fünf Akkordformen in Kombination mit den Punkten der fünf pentatonischen Positionen:

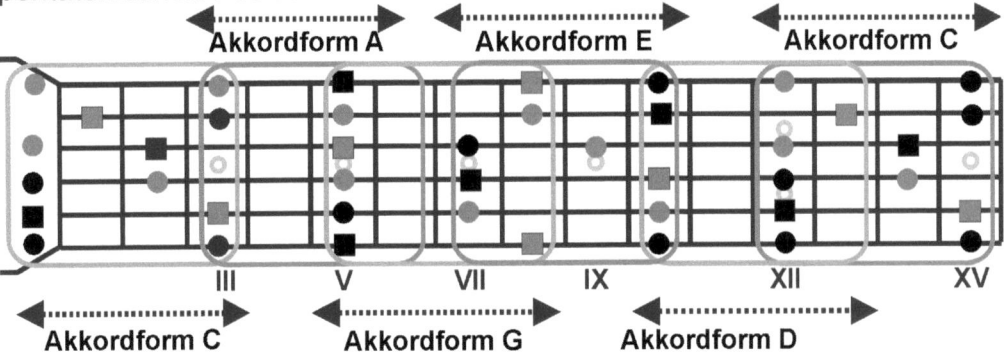

C A G E D und Pentatonik

Es besteht ein sehr enger Zusammenhang mit dem CAGED System und der Pentatonik: In jeder der fünf pentatonischen Positionen ist eine der fünf Akkordformen integriert. Diese gehören untrennbar zusammen.
Schau dir dazu folgendes Beispiel an:

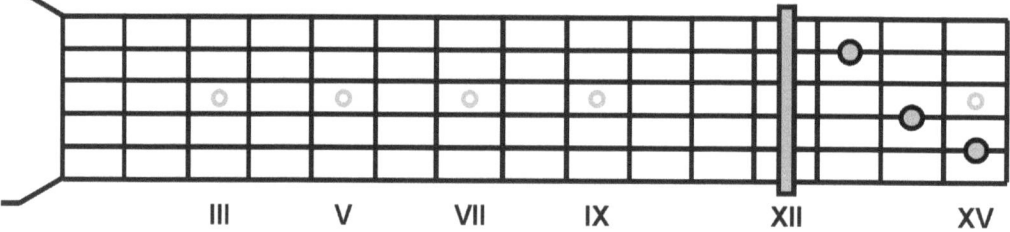

Auf der obigen Grafik siehst du den C- Dur Akkord. Dieser wird mit der C-Akkordform am zwölften Bund gelöst.
Nun vergleiche dies bitte mit der dritten Umkehrung der Pentatonik:

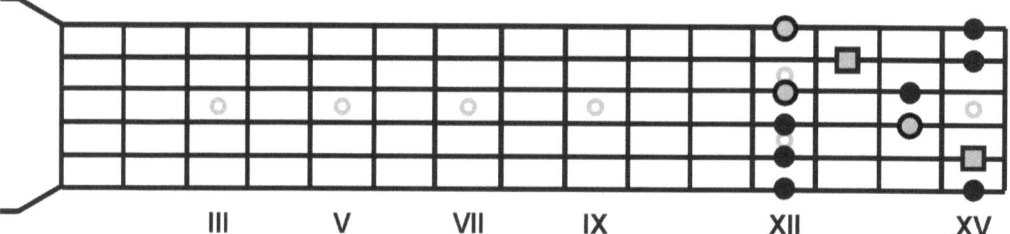

Wie du erkennen kannst, ist die Akkordform in dem pentatonischen Griffmuster enthalten. Da diese wie oben erwähnt untrennbar miteinander verknüpft sind kannst du daraus ableiten, dass du **immer**, wenn du einen Griff mit dieser Akkordform spielst, auch **die Noten der dazugehörigen Umkehrung der Pentatonik spielen kannst**. Somit hast du zu jeder möglichen Akkordform auch gleich eine ganze Tonleiter zur Verfügung. Das eröffnet natürlich viele Möglichkeiten beim Solieren, aber auch beim Komponieren. Du kannst zu jedem Akkord eine passende Melodie mit der Pentatonik spielen.
Es folgen nun die fünf Akkordformen und die dazu passenden pentatonischen Umkehrungen. Du wirst in den folgenden Beispielen **immer** mit dem Akkord **C- Dur** arbeiten. Dieser wird in den fünf verschiedenen Griffmöglichkeiten (= Akkordformen) mit den dazu passenden pentatonischen Umkehrungen genau dargestellt.

Akkordform C

Hier siehst du den C- Dur Griff mit der „Akkordform C". Im Gegensatz zum vorigen Beispiel nun in tiefer Lage, also in offener Postion.

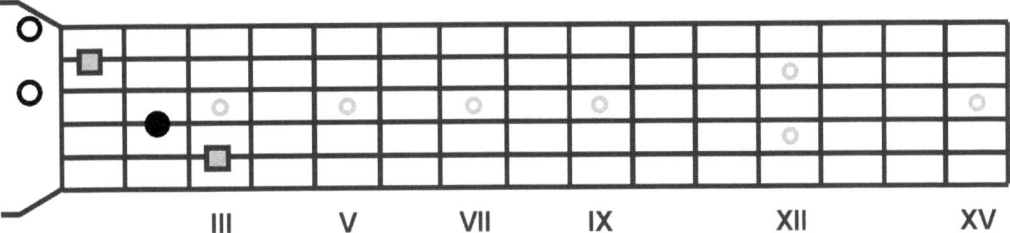

Untrennbar damit verknüpft ist die dritte Umkehrung. Diese sieht in tiefer Lage so aus:

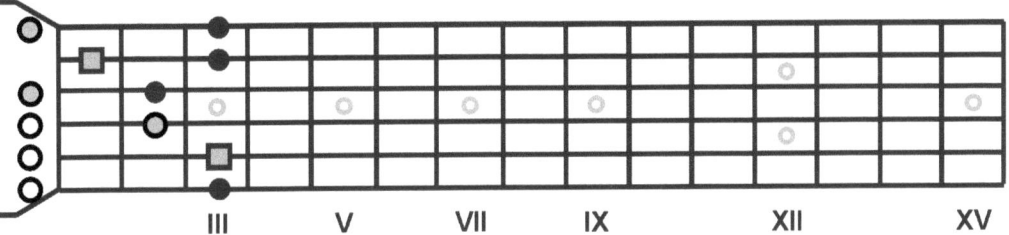

Damit du den Zusammenhang besser erkennen kannst, ist im obigen Griff-bild der dritten Umkehrung die C- Akkordform grau dargestellt.

Übung 142

Spiele nun abwechselnd den C- Dur Griff und die dazu gehörende pentato-nische Umkehrung. Du wirst feststellen, dass diese wunderbar miteinander harmonieren.

Akkordform A

Um den C- Dur Akkord mit der „Akkordform A" spielen zu können, musst du die Akkordform mit einem Barré am dritten Bund ansetzen.

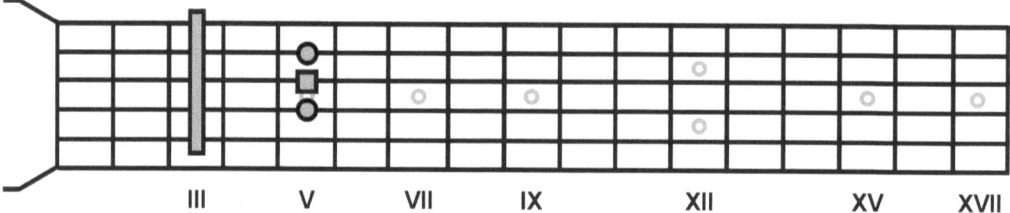

Zu dieser Akkordform gehört das Griffbild der vierten Umkehrung.

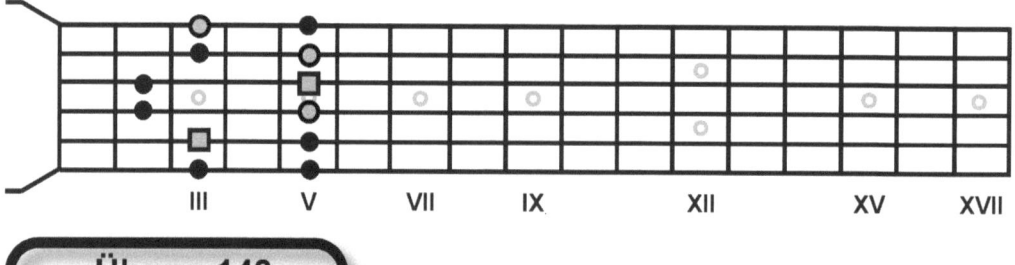

Übung 143

Das ist der C- Dur Akkord in dritter Lage mit der „Akkordform A" und die dazu gehörende vierte Umkehrung.

Anmerkung: Wenn du diesen Akkord in eine andere Tonalität verschieben musst, z.B.: um zwei Bünde höher in die Tonart D- Dur, dann musst du selbstverständlich auch die dazu gehörende pentatonische Umkehrung um zwei Bünde mit verschieben.

Akkordform G

Die folgende Abbildung zeigt die „Akkordform G". Diese ist auf Grund der erforderlichen Überstreckungen kaum spielbar. Du musst diese Akkordform nicht greifen können, es genügt wenn du sie visuell erfassen kannst.

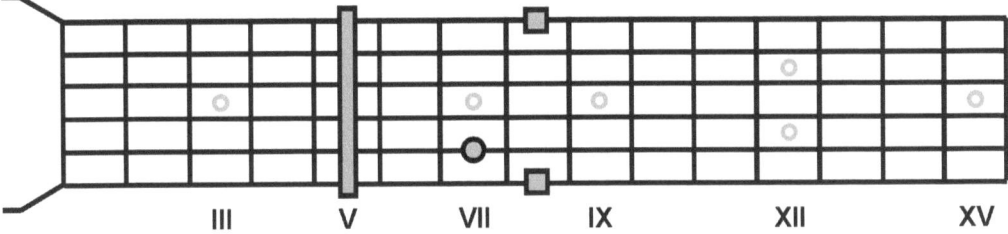

Dieser Akkordform ist die Grundstellung zugeordnet:

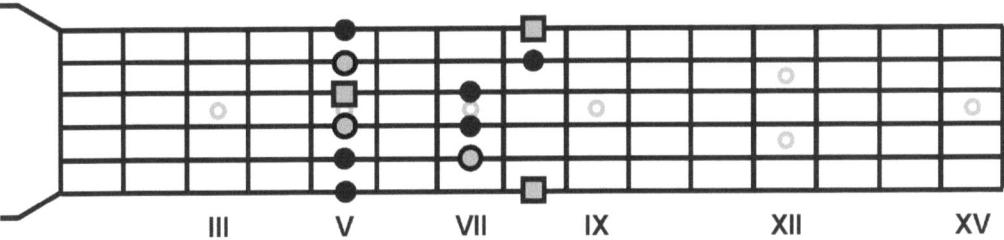

Übung 144

C- Dur am fünften Bund. Verwendete Form: „G- Akkordform".
Damit diese Akkordform spielbar ist, wird sie bei dieser Übung in einer „verkürzten" Form über nur vier Saiten eingesetzt.

Akkordform E

Die vorletzte Akkordform im System ist die „E- Akkordform". Diese ist den meisten Gitarristen sehr geläufig.

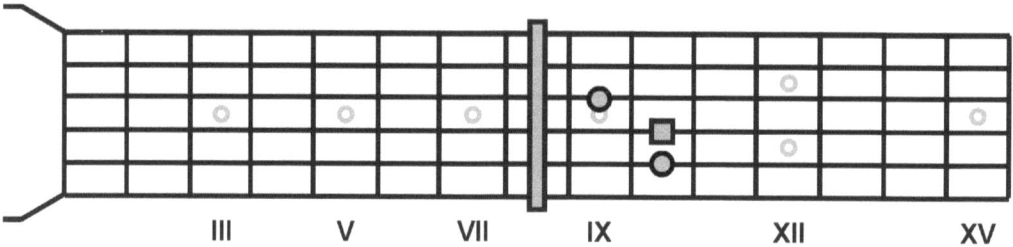

Diese ist mit der ersten Umkehrung verknüpft:

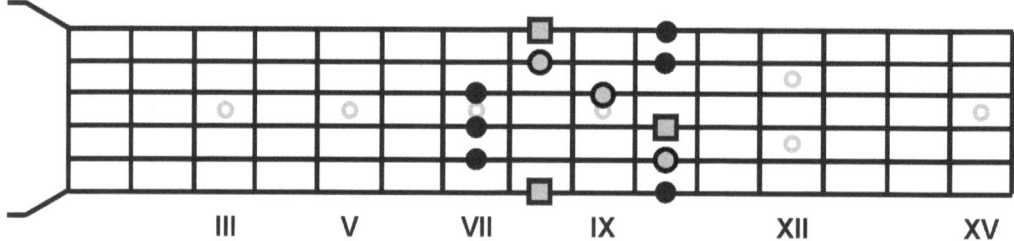

Übung 145

C- Dur mit Barré am achten Bund. Auch hier steht am Anfang und am Ende der Übung der Akkord. Die Mitte wird mit den Tönen der Pentatonik gespielt. Spiele die Umkehrung zwischen den beiden Griffen auch abwärts.

Akkordform D

Die „D- Akkordform" ist vielen Gitarristen wiederum nicht sehr geläufig. Da der gewünschte Akkord C- Dur ist, muss diese Akkordform am zehnten Bund angesetzt werden, weil sich hier der Grundton auf der A- Saite befindet.

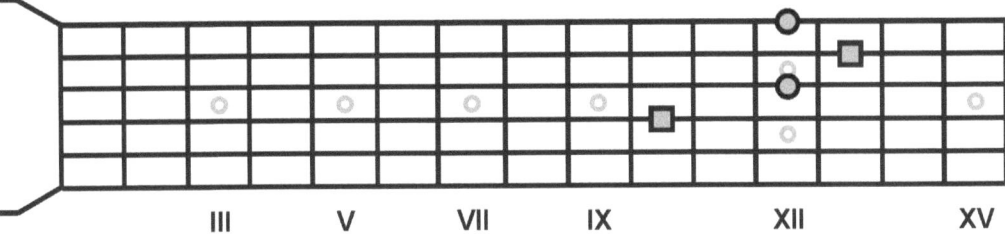

Die dazu gehörige Umkehrung ist die zweite Umkehrung:

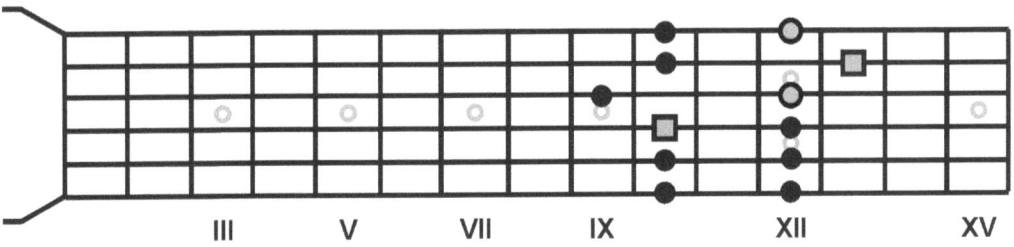

Übung 146

Es erfordert etwas Übung, um den C- Dur Akkord mit dieser Akkordform mühelos zu greifen. Zwischen den Akkorden spielst du die zweite Umkehrung der Pentatonik.

C A G E D und Moll Akkorde

Bisher hast du gesehen, wie du das CAGED System für Dur- Akkorde verwenden kannst. Das System funktioniert selbstverständlich auch mit Moll-Akkorden.
Das sind die fünf Moll Akkordformen:

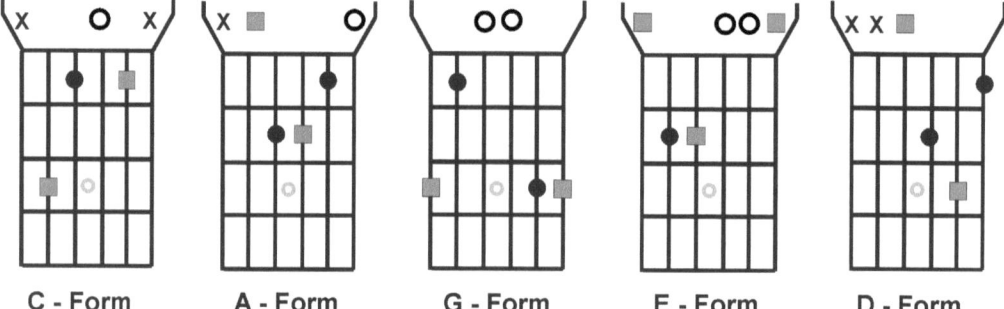

C - Form   A - Form   G - Form   E - Form   D - Form

Alle Beispiele in diesem Buch sind in der selben Tonart: C- Dur / A- Moll. Daher siehst du nun die fünf möglichen Formen des A- Moll Akkords am Griffbrett (beachte bitte die Bund - Angaben):

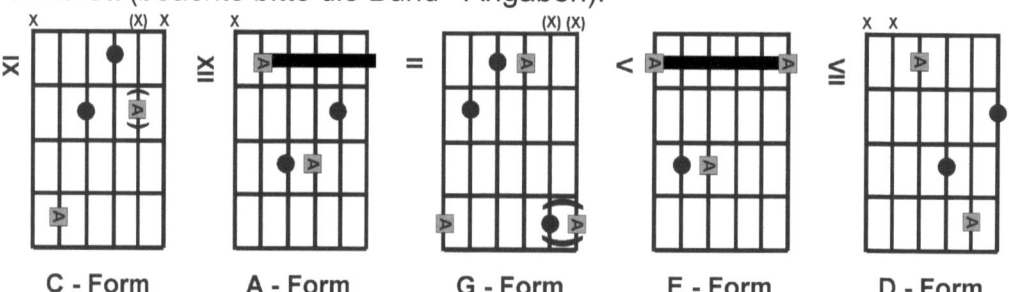

C - Form   A - Form   G - Form   E - Form   D - Form

Einige Formen sind dir vielleicht bekannt (z.B.: A-, E-und D- Form), andere sind schwierig zu greifen (C- Form) oder existieren gar nur am Papier (G-Form). Du kannst wie schon bei den Dur- Akkorden mit allen fünf Formen in der Abfolge CAGED den A-Moll Griff über alle Bereiche des Griffbretts legen.

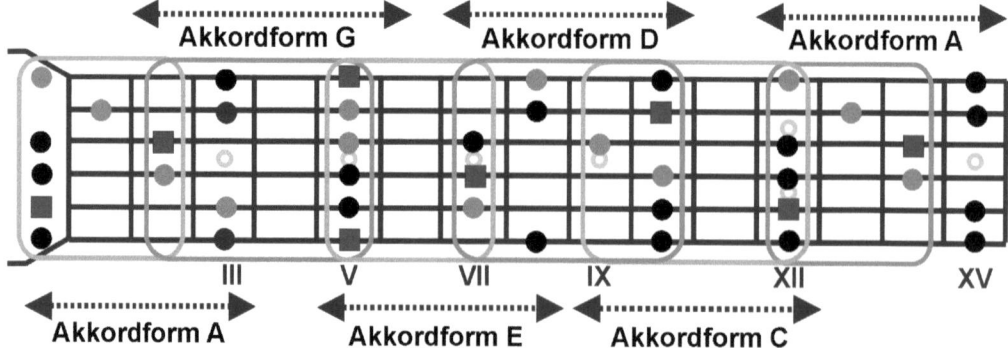

Moll Akkordform C

Gleich die erste Akkordform ist als Griff nicht so einfach zu greifen. Wenn du es nicht schaffst, kannst du die höchste Note weglassen.

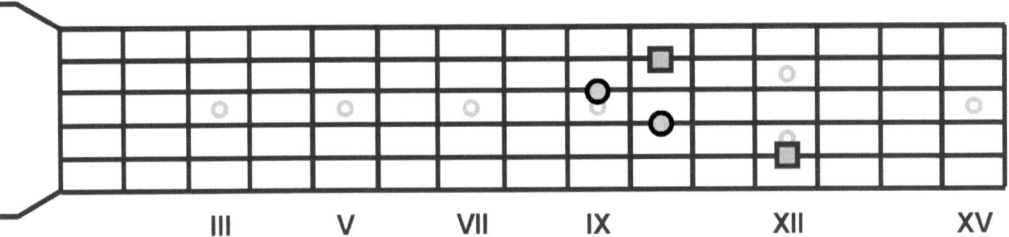

Zu dieser Form gehört die zweite Umkehrung:

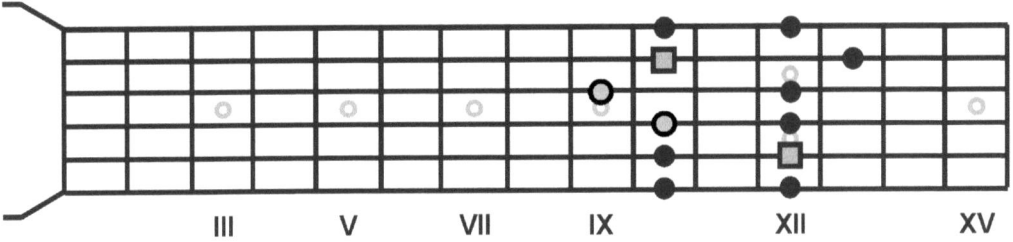

Spiele wieder den Akkord abwechselnd mit den Noten der zweiten Umkehrung.

Übung 147

Wenn es dir schwerfällt, denn Griff in der kompletten Form zu greifen, lass auch bei dieser Übung die höchste Note des Griffes weg.

Moll Akkordform A

Diese Akkordform kennst du bestimmt. Sie gehört zu den ersten Griffen, die Gitarristen lernen.

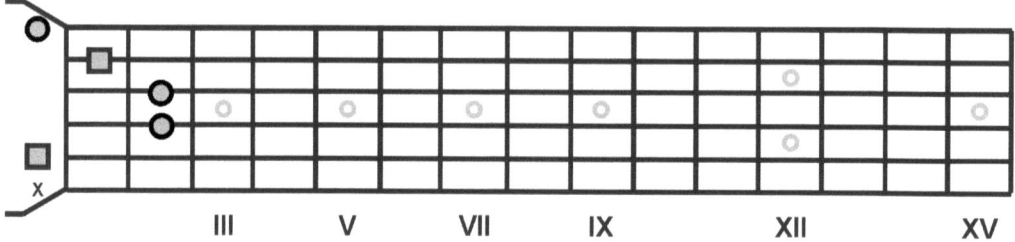

Diese Akkordform ist mit der dritten Umkehrung verknüpft:

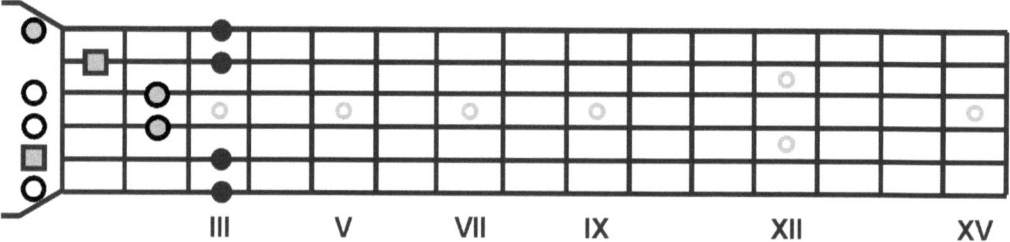

Du kannst den Akkord und die dritte Umkehrung auch eine Oktave höher, beginnend am zwölften Bund spielen.

Übung 148

Am Anfang und am Ende der Übung spielst du wieder den Akkord. Die Mitte wird mit den Tönen der Pentatonik ausgefüllt.

Moll Akkordform G

Die „Moll Akkordform G" ist nicht spielbar, sie lässt sich nur visuell erfassen. Wenn du den Griff trotzdem greifen willst, musst du die beiden höchsten Töne weg lassen.

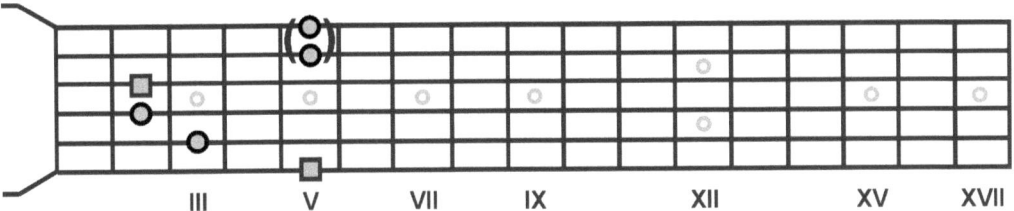

Der "Moll Akkordform G" ist die vierte Umkehrung zugeordnet:

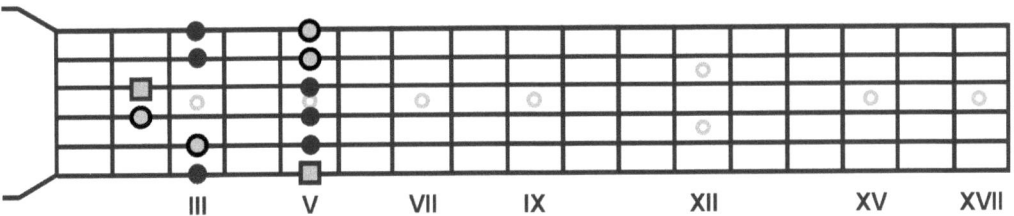

Dieser Grifftyp wird ohne die beiden höchsten Noten gerne im Jazz verwendet. Falls du ihn noch nicht kennst kommt nun eine gute Gelegenheit, ihn zu üben. Die beiden Punkte am zweiten Bund werden mit dem Zeigefinger, der ein Barrré über zwei Saiten am zweiten Bund macht, gegriffen.

Übung 149

Um diese Übung gut spielbar aufzubereiten, ist der Akkord in der oben genannten, verkürzten Variante eingefügt.

Moll Akkordform E

Die „Moll Akkordform E" wird sehr häufig, auch in ihrer verschiebbaren Form als Barrégriff, verwendet.

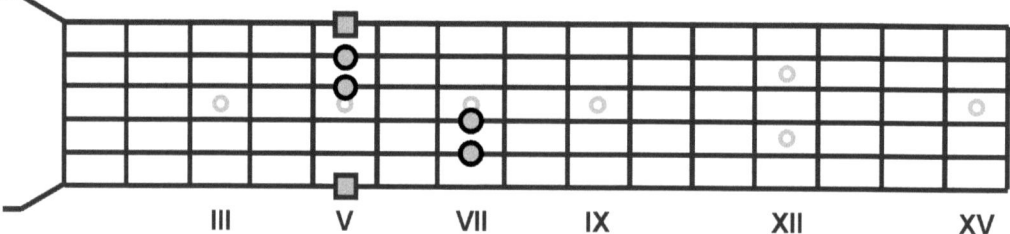

Wann immer dieser Akkord fällt, kannst du diesen mit der Grundstellung verbinden:

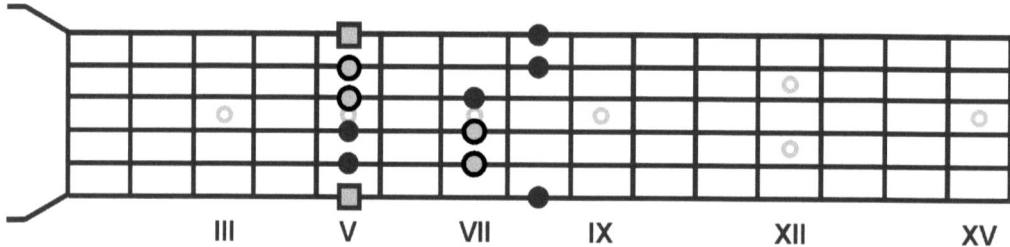

Es ist selbstverständlich auch möglich, den Grundgriff mit Zusatztönen aus der Pentatonik zu erweitern. Das bringt etwas mehr Farbe in ein eintöniges Klangbild.

Übung 150

Bei dieser Übung kannst du hören, wie gut die Tonleiter mit dem Akkord harmoniert.

Moll Akkordform D

Die fünfte Form ist die „Moll Akkordform D". Sie beschließt nun das Kapitel über das CAGED System.

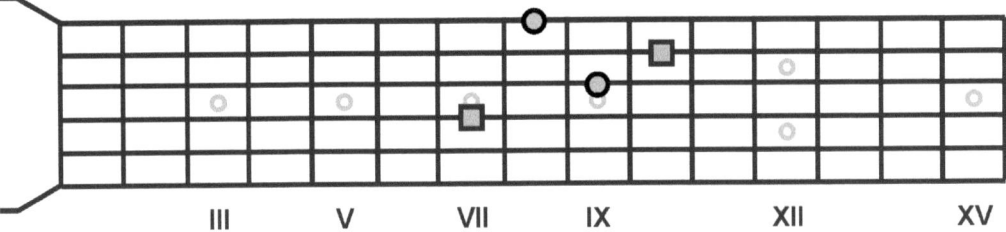

In offener Position ist dir der Griff vielleicht als D- Moll Griff bekannt. Er lässt sich selbstverständlich verschieben. Dabei muss auch der Grundton auf der D- Saite berücksichtigt werden. Mit dem Grundton am siebenten Bund (wie in der oben gezeigten Grafik) erklingt nun wieder A-Moll. Diesem Griff ist die erste Umkehrung zugeordnet:

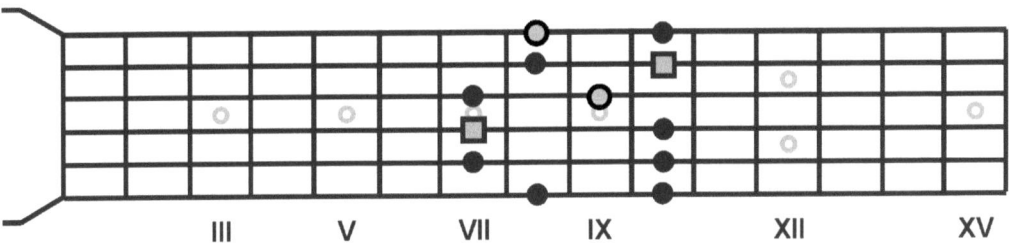

Übung 151

Nun die letzte Übung , diesmal mit der Moll Akkordform D. Du kannst auch zwischen den Akkorden statt der Tonleiter eigene Licks einfügen.

Das CAGED System und die Verknüpfung mit der Pentatonik ist ein interessanter Ansatz, der deine Möglichkeiten im Bezug auf das Akkordspiel erweitern wird. Das System ist umfangreich und du solltest oft damit arbeiten, um es im Gedächtnis zu behalten.

Die in diesem Buch gezeigten Beispiele sind technische Übungen und dienen dazu, dir verschiedene Wege, Herangehensweisen und Betrachtungsmöglichkeiten des CAGED Systems näher zu bringen. Damit du auch einen Nutzen aus diesem System ziehen kannst, solltest du intensiv mit der Kombination aus Akkorden und der dazu passenden Tonleiter experimentieren. Sei kreativ und versuche eigene Ideen zu entwickeln.

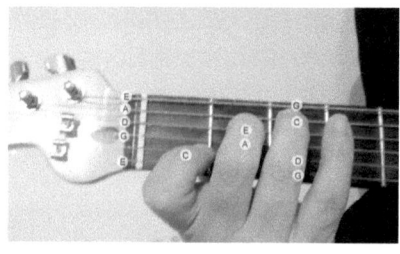

Das gilt auch für die anderen Übungen in diesem Buch. Diese sollen ein Fundament für deine weitere musikalische Tätigkeit bilden. Sie dienen dazu, deine Fingermuskulatur zu stärken, dir bestimmte Bewegungsabläufe anzueignen und kleine melodische Muster (denk an die Dreier- und Vierer- Gruppen) näher zu bringen. Doch technische Übungen alleine sind zu wenig, um gut und ideenreich spielen zu können. Versuche also immer wieder, deine Kenntnisse in die Praxis umzusetzen.

Wenn du Songs analysierst oder transkribierst kann dir das Wisssen um das CAGED System auch sehr hilfreich zur Seite stehen, um schneller bestimmte Töne oder Läufe in einem Song zu finden. Sehr oft sind Akkorde mit der Pentatonik verknüpft (zum Beispiel im Intro von „Wish you were here" von Pink Floyd). Da es sich dabei um grifftechnisch sehr naheliegende Abläufe handelt, wird das CAGED System von unzähligen Gitarristen eingesetzt.

KAPITEL 9

Appendix

In diesem Abschnitt findest du all das, was nicht in die restlichen Kapitel des Buches gepasst hat: Exotische pentatonische Tonleitern und eine Bending Tabelle. Diese wird gleich das Kapitel eröffnen.

Bending

Bending (Saitenziehen) ist eine Spieltechnik, die sehr häufig verwendet wird und die viel zum Sound eines gut spielenden Gitarristen beiträgt. Sie wird hauptsächlich beim Solieren eingesetzt. Falls dir diese Technik noch nicht vertraut ist, schau ins „Pentatonic Practice Book". Dort findest du eine genaue Anleitung über die technische Ausführung sowie viele Beispiele und Bending- Übungen.

Es ist ein großer Unterschied, ob du die Pentatonik im Dur- oder Moll Kontext verwendest. Ein Grund dafür ist, dass dein Ohr immer bezug auf den Grundton nimmt. Außerdem haben die einzelnen Töne in Dur und Moll verschiedene Funktionen: Während beispielsweise der Ton „e" im Dur Kontext die Terz vom Grundton „C" darstellt, so ist die selbe Note in Moll die Quinte vom Moll Grundton „A". Es ergibt natürlich einen ganz anderen klanglichen Effekt, ob du die Terz oder die Quinte veränderst.

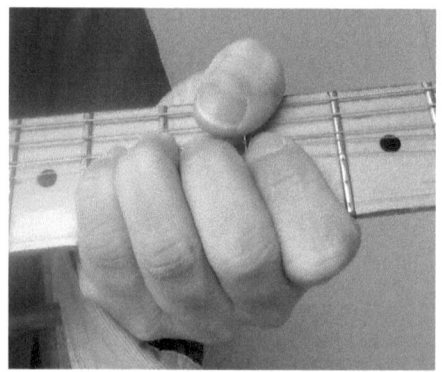

Wenn du hören willst, welchen Effekt die jeweiligen Noten haben, wenn du diese ziehst, kannst du über einen immer gleichen Grundton die Töne der Pentatonik nacheinander mit einem Bending spielen. Dabei ist auch noch zu beachten, dass du die Töne in der Regel um ein bis drei Halbtöne verändern kannst, abhängig von der Fingerkraft, der Saitenstärke und der Position der Note am Griffbrett.

Die Spannung der Saiten ist beim Sattel größer als in der Griffbrettmitte, dadurch sind verschieden weite Bendings möglich. Während du zum Beispiel am zwölften Bund ein Bending über drei Halbtöne machen kannst, ist das am ersten Bund unmöglich.

Hier eine Aufstellung für den Einsatz in **C- Dur**:

Ausgangs-ton	Bending Halbtöne	Zielton	Effekt
C	+1	C#/Db	Große Reibung mit dem Grundton. Eignet sich aber gut für C7b9 Akkorde.
C	+2	D	Der entstehende Intervall ist die None (9). Klingt zumeist sehr interessant.
C	+3	D#/Eb	Ergibt die kleine Terz (=Moll) oder die #9. Gute Wahl bei Blues Stücken.
D	+1	D#/Eb	Siehe obige Zeile
D	+2	E	Das ergibt die Terz und ist somit immer ein gutes und neutrales Klangbild.
D	+3	F	In diesem Fall erklingt die Quart. Interessantes Bending über sus4 Akkorde.
E	+1	F	Auch hier erklingt die Quart.
E	+2	F#/ Gb	Gut im lydischen Kontext bei #11 Akkorden. Sonst sehr eigenartiger Sound (b5).
E	+3	G	Von der Terz zur Quint. Gut einsetzbar mit intensiven Effekt
G	+1	G#/Ab	Ergibt im C- Dur Kontext die #5. Dadurch nicht unbedingt gut einsetzbar.
G	+2	A	Der Zielton ist die Sext. Ein Bending das sehr oft verwendet wird.
G	+3	A#/Bb	Hier wird von der Quint zur kleinen Septime gezogen. Eignet sich somit für C7.
A	+1	A#/Bb	Hier wird von der Sext zur kleinen Septime gezogen.
A	+2	B (H)	Der entstehende Intervall ist die große Septime. Prima über Cmaj7.
A	+3	C	Zielton ist der Grundton. Hier musst du sehr genau ziehen.

Es folgt eine Aufstellung für den Einsatz in **A- Moll**:

Ausgangs-ton	Bending Halbtöne	Zielton	Effekt
A	+1	A#/Bb	Große Reibung mit dem Grundton. Dadurch kaum einsetzbar.
A	+2	B (H)	Der entstehende Intervall ist die None (9). Das klingt immer sehr interessant.
A	+3	C	Kleine Terz (=Moll), somit gibt es für dieses Bending gute Einsatzmöglichkeiten.
C	+1	C#/Db	Es erklingt die Dur- Terz über einen Moll Akkord. Daher keine Empfehlung.
C	+2	D	Ein sehr oft gespieltes Bending.
C	+3	D#/Eb	Der Zielton ist die „Blue Note". Intensives Blues Bending.
D	+1	D#/Eb	Siehe obige Zeile
D	+2	E	DAS universelle Bending in der Moll Pentatonik. Keines hört man öfter.
D	+3	F	Zielton ist die kleine Sext oder #5. Hauptsächlich im aeolischen Modus einsetzbar.
E	+1	F	Siehe obige Zeile
E	+2	F#	Der Zielton ist die Sext. In Moll im dorischen Kontext möglich.
E	+3	G	Hier wird von der Quint zur kleinen Septime gezogen. Eignet sich somit für Am7.
G	+1	G#/Ab	Der entstehende Intervall ist die große Septime. Selten verwendbar (Am maj7)
G	+2	A	Der Zielton ist der Grundton. Hier musst du sehr genau ziehen.
G	+3	A#/Bb	Große Reibung mit dem Grundton. Daher keine Empfehlung.

Nun gibt es als Zugabe noch einige exotische pentatonische Tonleitern. Diese klingen teilweise sehr interessant, manche sind nett umschrieben etwas gewöhnungsbedürftig. Vielleicht findest du auf der Suche nach etwas außergewöhnlicheren Klängen hier etwas Passendes. Ein Metal Song mit der japanischen Pentatonik wäre möglicherweise einen Versuch wert

Vermutlich macht es wenig Sinn, diese Skalen auswendig zu lernen. Du kannst aber diese exotischen Tonleitern einfach mal durchspielen, um sie zu hören. Wenn dir der eine oder andere Sound zusagt, zahlt es sich aus, die entsprechende Pentatonik in der einen oder anderen Umkehrung genauer zu erforschen. Wenn du ein Einsatzgebiet dafür gefunden hast, macht es sicher auch Sinn, diese Skalen mit der einen oder anderen Übung aus diesem Buch (zum Beispiel Dreier- Gruppen) durchzuarbeiten, um interessante klangliche Ergebnisse zu erzielen.

Betrachte diese exotischen Skalen als Referenz zum Nachschlagen, wenn du auf der Suche nach ungewöhnlichen Klängen sein solltest.

Auf Grund der manchmal etwas ungewöhnlichen Struktur dieser Tonleitern ergeben sich teilweise etwas gewöhnungsbedürftige Fingersätze. Ich habe versucht, diese Skalen so praxisfreundlich wie irgend möglich aufzubereiten, doch die eine oder andere Überstreckung ist leider durch die gegebene Intervallstruktur so mancher Tonleiter unvermeidlich. Auch das nahtlose Ineinandergreifen der einzelnen Positionen funktioniert nicht in jedem Fall.

Die Notenangaben und Formeln am Beginn jeder Seite beziehen sich wie alle Tonleitern in diesem Buch auf C-Dur bzw. A-Moll. Für die Formeln wird als Referenz eine Durtonleiter als Ausgangsbasis verwendet.

Japanische Pentatonik - Grundstellung

Chinesische Pentatonik

Noten: C E F# G H **Formel: 1 3 #4 5 7**

Diese Pentatonik wird in der traditionellen chinesischen Musik verwendet.
Die erhöhte Quarte gibt einen lydischen Klangcharakter.

„Grundstellung"

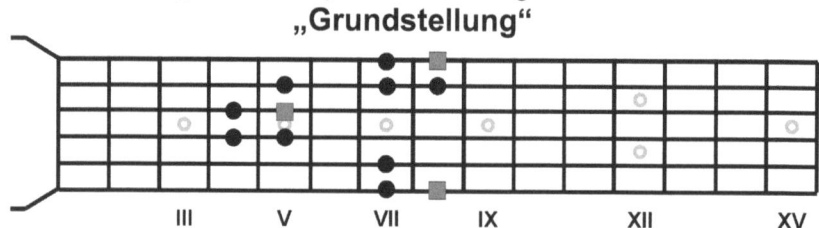

„Erste Umkehrung"

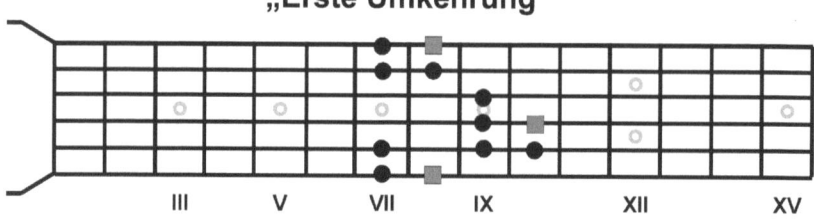

„Zweite Umkehrung"

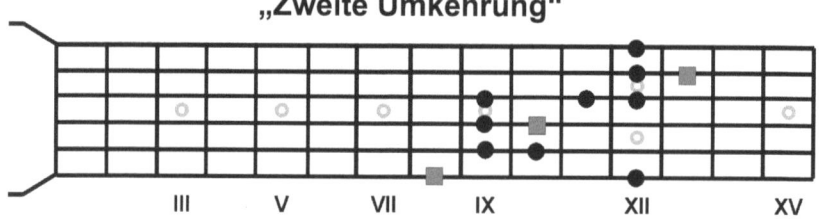

„Dritte Umkehrung"

„Vierte Umkehrung"

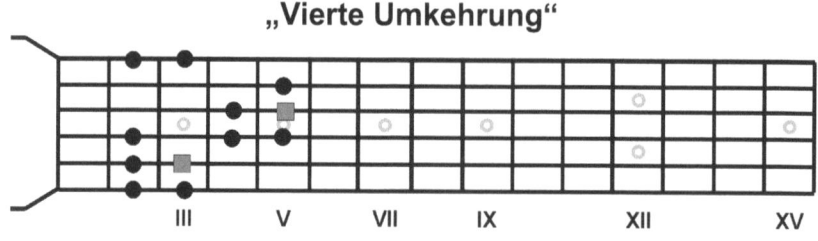

Japanische Pentatonik

Noten: C Db F G Bb   **Formel: 1 b2 4 5 b7**

Eine weitere Pentatonik aus dem asiatischen Raum. Durch den Beginn mit einem Halbtonschritt hat diese Skala einen ungewöhnlichen Sound.

„Grundstellung"

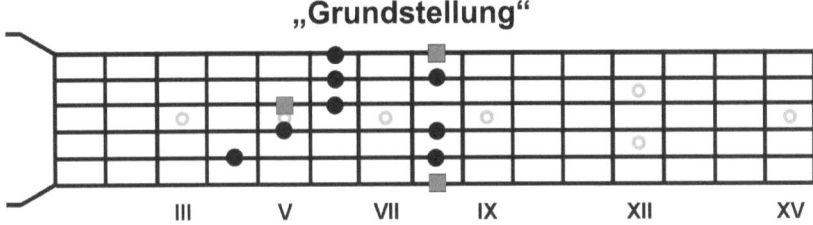

„Erste Umkehrung"

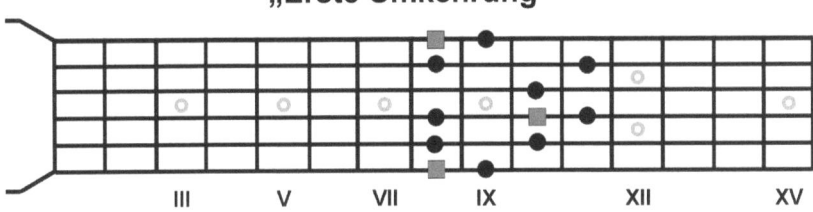

„Zweite Umkehrung"

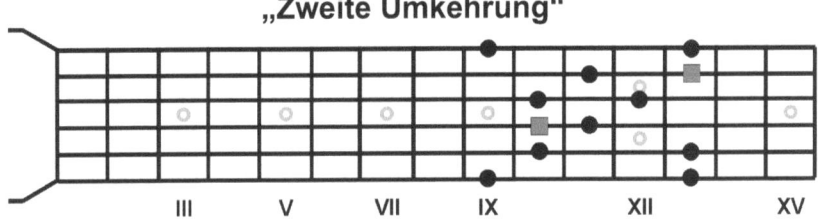

„Dritte Umkehrung"

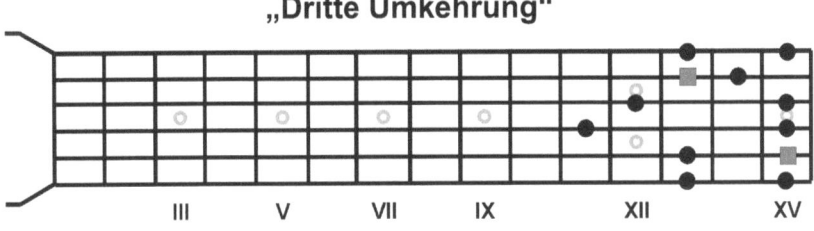

„Vierte Umkehrung"

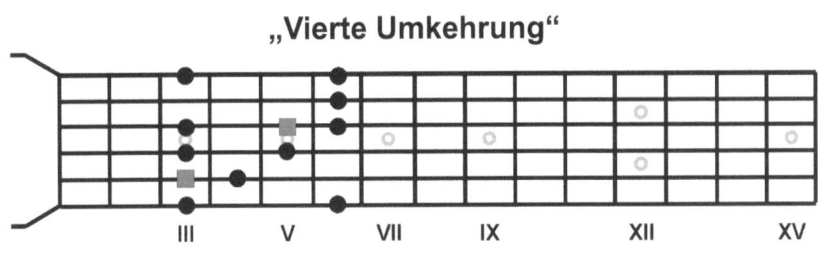

Indische Pentatonik

Noten: C E F G Bb   **Formel: 1 3 4 5 7**

Diese Pentatonik eignet sich durch ihren mixolydisch gestylten Aufbau sehr gut über Dominant 7 Akkorde (z.B.: C ^{7}).

„Grundstellung"

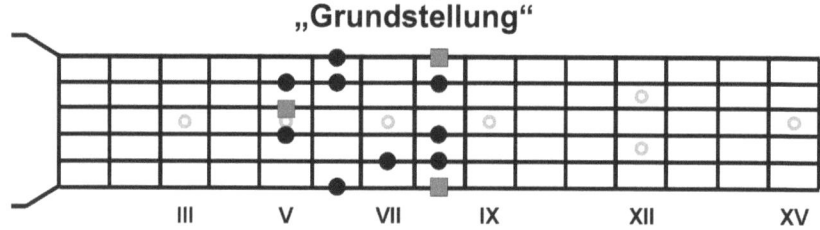

„Erste Umkehrung"

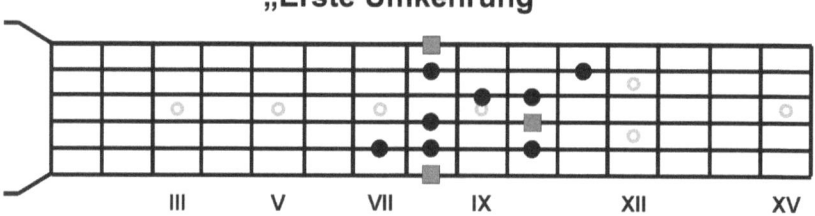

„Zweite Umkehrung"

„Dritte Umkehrung"

„Vierte Umkehrung"

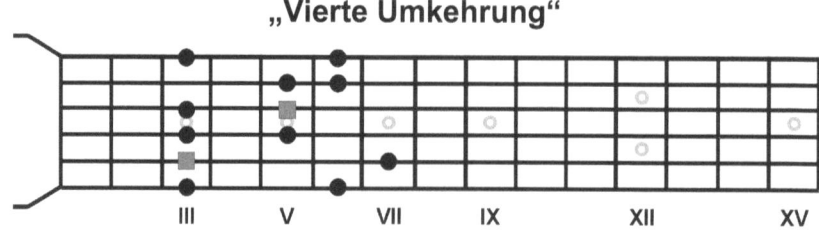

Moll b5 Pentatonik für halbverminderte Akkorde

Noten: A C D Eb G   **Formel: 1 b3 4 b5 b7**

Diese Pentatonik ist eine sogenannte „Composite Scale". Das bedeutet, dass sie für einen bestimmten Bedarf zusammengebaut wurde.

„Grundstellung"

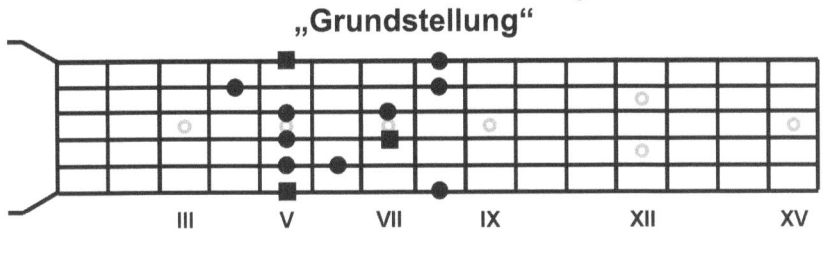

„Erste Umkehrung"

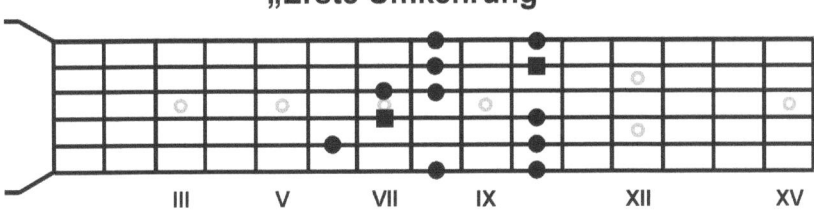

„Zweite Umkehrung"

„Dritte Umkehrung"

„Vierte Umkehrung"

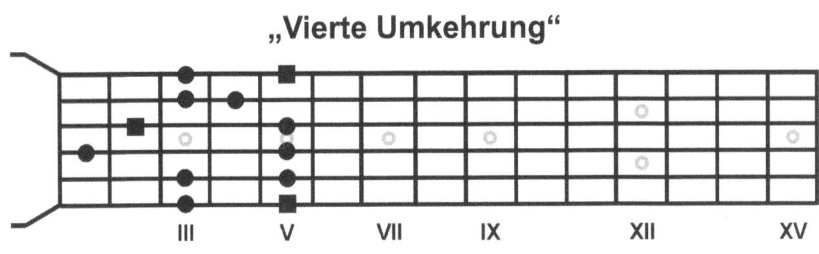

Harmonisch & melodisch Moll Pentatonik

Noten: A C D E G#   **Formel: 1 b3 4 5 7**

Wieder eine „Composite Scale". Durch die erhöhte fünfte Note (G#) eignet
sie sich für den Einsatz in harmonisch und melodisch Moll.

„Grundstellung"

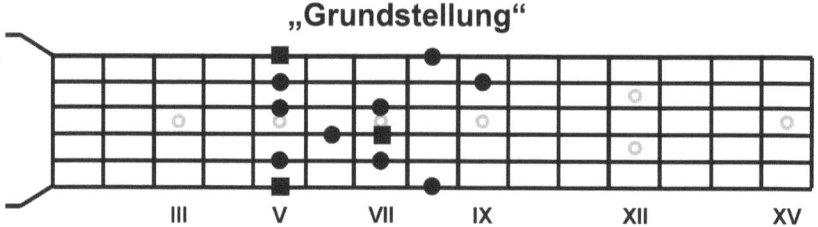

„Erste Umkehrung"

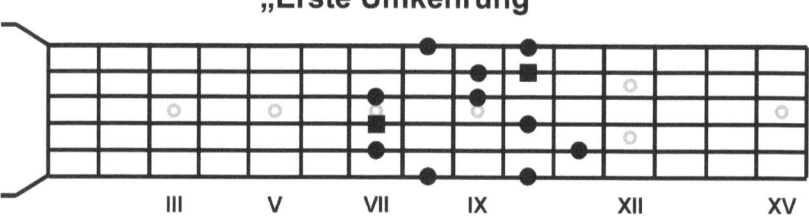

„Zweite Umkehrung"

„Dritte Umkehrung"

„Vierte Umkehrung"

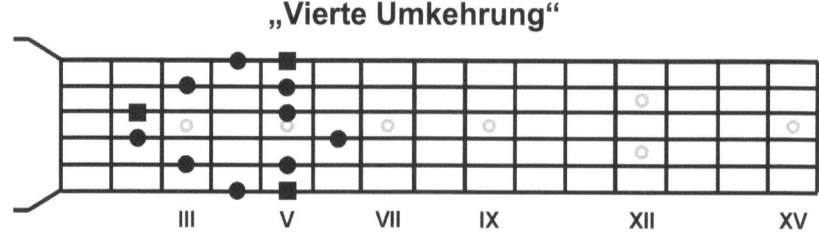

Blues Skala

Noten: A C D Eb E G   **Formel:** 1 b3 4 b5 5 b7

Hier wird die Pentatonik mit nur einer Note, der „Blue Note" erweitert. Somit ist es *keine Pentatonik* mehr, hat aber ihren Ursprung in dieser.

„Grundstellung"

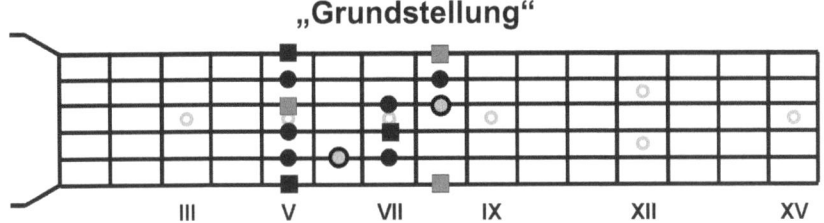

„Erste Umkehrung"

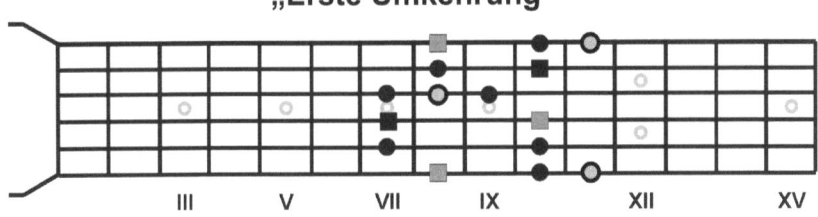

„Zweite Umkehrung"

„Dritte Umkehrung"

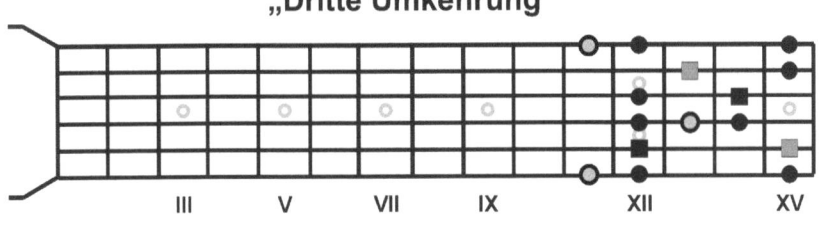

„Vierte Umkehrung"

Geschmack entscheidet über die Brauchbarkeit der teilweise exotischen Pentatonikskalen. Die auf Seite 183 und 184 verwendeten „Composite Scales" sind für spezielle Anwendungen eigens zusammengestellt worden. Wenn dich das interessiert findest du im „Pentatonic Practice Book" mehr Informationen und Beispiele dazu.

Auch wenn Technikübungen eine etwas trockene Angelegenheit sind, so hoffe ich doch, dass dir die Arbeit mit diesem Buch Spaß gemacht hat. Wenn du Fragen zu diesem Buch oder zu dem dazu gehörigen Begleitband „Perfect Guitar - The Pentatonic Practice Book" hast, so kannst mich per Mail unter *office@berndkofler.at* kontaktieren.

Ich wünsche dir alles Gute für deinen weiteren musikalischen Weg!

Die mp3 Files zu diesem Buch findest du auf der Website des Autors unter www.berndkofler.at

Weitere Bücher des Autors

Perfect Guitar - The Pentatonic Practice Book

Autor: Bernd Kofler, 128 Seiten, BOD Verlag

Erhältlich als praktisches Taschenbuch oder als großformatiges Ringbuch.

Taschenbuch: ISBN 9783748178422, € 9,90

Ringbuch: ISBN 9783752876321, € 16,90

Als Begleitband zum Buch "The Pentatonik Workbook" richtet sich auch dieses Buch an Gitarristen, die lernen wollen, frei zu improvisieren. Durch die Verknüpfung von den praktischen Einsatzmöglichkeiten der Pentatonik mit verschiedenen Spieltechniken wie Bending, Legato, String-Skipping, Tapping, Sweeping und Hybrid Picking ist dieses Buch ein Universalwerk für alle Gitarristen. Du findest hier viele Licks und Songs, die Hand in Hand gehen mit den verschiedenen Kapitel des hier vorliegenden Buches.
Der richtige Einsatz der Pentatonik in verschiedenen Tonarten wird ebenso erörtert wie die Anwendbarkeit in verschiedenen musikalischen Kontexten. Das Buch eignet sich für das Selbststudium ebenso wie als hervorragendes Unterrichtsmaterial für alle E-Gitarrenlehrer, da es vom Schwierigkeitsgrad her ansteigend aufgebaut ist und alle Übungen exakt in Noten und Tabulatur inklusive aller Fingersätze ausnotiert sind.
In Kombination mit dem „Pentatonik Workbook" wird es zum ultimativen Werk über die Pentatonik und bietet eine gute Grundlage für eine musikalische Weiterentwicklung in jedem Musikstil.

Mit 110 downloadbaren Soundclips.

Warm ups - Professional Fingertraining

Autor: Bernd Kofler, BKM Verlag,
ISBN: 978-3842354166, 84 Seiten, € 12,90

Das Aufwärmen und Dehnen der Muskulatur kennen wir von HochleistungssportlerInnen. Wasfür SportlerInnen üblich ist, gilt auch für professionell arbeitende MusikerInnen. Gerade beim Gitarrespielen werden die Finger- und Handmuskulatur extrem beansprucht. Deshalb sind Aufwärm-, Dehn- und Streckübungen vor dem Spielen besonders wichtig. Dieses Buch ist so konzipiert, dass für jeden Tag des Monats eine andere Übung bereit steht. Nach Möglichkeit sollten diese Übungen immer vor dem täglichen Spielen in wechselnder Abfolge absolviert werden. Die Übungen erwärmen nicht nur die Muskulatur und Sehnen der Hände, sondern schärfen auch die Feinmotorik, erhöhen die Fingerkraft und fördern die Weiterentwicklung der Unabhängigkeit motorischer Abläufe. Zusätzlich werden die rhythmische Festigkeit und das Umsetzen verschiedener fingertechnischer Bewegungsmuster trainiert.

Building Speed

Autor: Bernd Kofler, BKM Verlag,
ISBN: 978-3-7392-3623-0, 104 Seiten, € 16,90

Ein Instrument bei hohem Spieltempo exakt zu beherrschen und zu kontrollieren, verlangt nicht nur viel Spielerfahrung und Praxis, sondern auch eine bestens trainierte Motorik sowie eine exzellente Technik. Das Buch beinhaltet eine Sammlung von gezielten Übungen, die auf eine Optimierung von Spieltechnik und Handmotorik abzielen, damit beim Spielen ein Maximum an Geschwindigkeit umgesetzt werden kann. Ein Hochgeschwindigkeits - Trainingsprogramm für das Griffbrett, das für Anfänger und Fortgeschrittene gleichermaßen geeignet ist. Alle Übungen sind in Standardnotation und Tabulatur aufgeschrieben.
Mit mehr als 400 downloadbaren Mp3 Files.